Don Bosco

„Freude am Schauen und Begreifen ist die schönste Gabe der Natur.“

Albert Einstein

Martina Brausem | Iris Sargun

ABC für Kindergartenkinder

Buchstaben ganzheitlich und kreativ erleben

Hrsg. v. der Gesellschaft
für ganzheitliches Lernen e. V.

Don Bosco

Bibliografische Information Der Deutschen Nationalbibliothek

Die Deutsche Nationalbibliothek verzeichnet diese Publikation in der Deutschen Nationalbibliografie; detaillierte bibliografische Daten sind im Internet über http://dnb.d-nb.de abrufbar.

1. Auflage 2008
ISBN: 978-3-7698-1665-5

Illustrationen: Iris Sargun
Umschlag: Margret Russer unter Verwendung einer Illustration von Iris Sargun
Lektorat: UNGER-KUNZ. Lektorat & Redaktionsbüro, Undorf
Satz: undercover, Langweid/Foret
Gesamtherstellung: Don Bosco Druck & Design, Ensdorf

Gedruckt auf umweltfreundlichem Papier

Inhalt

Vorwort

Noch in den 1960er-Jahren sprach man in Bezug auf die Bildung von Kleinkindern vom „dummen ersten Jahr“, d.h., man hielt Kleinkinder prinzipiell für bildungsunfähig. Heute dagegen gewinnt die frühe Bildung zunehmend an Bedeutung – eine Entwicklung, die von der Diskussion über die Qualität der schulischen Bildung im Gefolge der PISA-Studie ausgelöst wurde.
Aufgrund der wichtigen Erkenntnisse aus der Hirnforschung wissen wir, dass Bildung spätestens mit der Geburt beginnt und in den ersten Lebensjahren das Fundament für alle späteren Bildungsprozesse gelegt wird – und das in höchstem Tempo. Im Alter von drei Jahren wiegt das Gehirn des Kindes bereits 1000 Gramm (bei Erwachsenen ca. 1400 Gramm). Von diesem Zeitpunkt an erleben die Kinder bedeutende Entwicklungsschritte: Sie entfalten die grundlegenden Denkfähigkeiten und machen große Fortschritte hinsichtlich ihrer feinmotorischen Fertigkeiten, wie z.B. das Kneten, Falten, Schreiben usw. Ihre Gefühle differenzieren sich zunehmend aus und sie entwickeln die Fähigkeit, Perspektiven von anderen Personen zu übernehmen.
Kinder brauchen daher von klein auf Menschen, die aus dieser erstaunlichen Entwicklung des Gehirns die folgende wichtige Lehre ziehen: Das ganzheitlich arbeitende Gehirn verdient eine ganzheitliche Bildung!
Leider werden Kleinkinder immer noch unterschätzt, entweder aus Unkenntnis oder aus der Sorge heraus, zu früh einen zu hohen Leistungsdruck auszuüben. Dabei können Kleinkinder ganz schön viel, und vor allem sprühen sie vor Lern- und Wissbegierde. Also – keine Sorge, es geht nicht darum, kleine Überflieger zu erzeugen, sondern die kindliche Freude am selbstständigen und kreativen Denken zu fördern.
Die neuen Erkenntnisse aus der Hirn- und Lernforschung belegen, dass wir den Menschen in seiner Ganzheit sehen und fördern müssen, mit all seinen Anlagen und Bedürfnissen, Interessen und Gefühlen. Spielen und

Lernen bilden gerade in der frühen Kindheit eine optimale Einheit. Denn dort entdecken, erforschen, ertasten und erleben Kinder mit viel Bewegung und mit allen Sinnen ihre Welt. Wird frühe Bildung also spielerisch, kindgerecht und vor allem ganzheitlich umgesetzt, dann kann jedes Kind daran nur wachsen.
Dieses Buch vermittelt Ihnen, liebe Leserinnen und Leser, ein ganzheitliches Lernerlebnis: Es kann schon im frühen Lebensalter spannend sein, zu denken, Probleme zu lösen und zu entdecken, dass ein Buchstabe eine großartige Erfindung ist!

Dr. Charmaine Liebertz
Institutsleiterin der Gesellschaft für ganzheitliches Lernen e.V.

Kinder entdecken spielerisch die Welt der Buchstaben

Wer sich bildet, weiß nicht nur etwas, sondern kann auch etwas – das lernt jedes Kind. Kinder können sich nur dann körperlich und geistig gesund entwickeln, wenn sie genügend Zeit und Raum zum Spielen haben. Alles, was ihnen begegnet, ist ihnen gleich wichtig, sie betrachten alles unvoreingenommen, neugierig, experimentell und leidenschaftlich.
An dieser individuellen Lebenssituation und dem Bedürfnis der Kinder muss der Bildungsprozess ansetzen. Der weitere Bildungsweg gestaltet sich dann optimal, wenn Kinder in einer emotional stabilen Erziehungspartnerschaft ihre eigenen Interessen erkennen können. Dabei sollten sie immer im pädagogischen Mittelpunkt stehen, denn nur so können sie ihre

Selbstständigkeit und Kreativität entwickeln. Sie brauchen hierzu aber einen ganzheitlichen Lernansatz, um ihre vielfältigen Entwicklungsbereiche auf emotionalem, kognitivem und motorischem Gebiet sowie ihre sinnliche Wahrnehmung zu erkennen und zu entfalten.

Da Kinder ab drei Jahren zunehmend schöpferisch werden und Spaß an Liedern, Reimen und jeder Form von Spiel haben, ist es optimal, ihnen thematische Lerneinheiten anzubieten. Daher haben wir in diesem Buch zu jedem Buchstaben des Alphabets verschiedene und ausgewogene Angebote zum Erlernen und Begreifen zusammengestellt. Die kreativen Gestaltungsangebote, die jeweils zu einem bestimmten Buchstaben vorgeschlagen werden, können selbstverständlich auch auf jeden anderen Buchstaben des Alphabets angewendet werden. Mit den so gestalteten Buchstaben kann jedes Kind nach und nach sein eigenes Alphabet zusammenstellen und daraus eine individuelle ABC-Sammelmappe anlegen. Die Kreativangebote, die sich für diese Buchstabenmappe eignen, sind mit dem folgenden Buchsymbol neben der Überschrift eigens gekennzeichnet.

Die Aufgabe der Erziehenden – auch der Eltern – ist es, den Kindern ein breit gefächertes und zugleich vertrautes Umfeld zu bieten, in dem sie ausreichend Erfahrungen sammeln können. Auf diese Weise können sie sich spielerisch die Welt des Lernens erschließen. Alles, was Kinder sehen, hören, schmecken, fühlen und spüren, nehmen sie intensiv wahr. Durch häufige Wiederholungen verfestigen sie bedeutsame Erfahrungen und entwickeln so ein Selbstbild. Und dieses Selbstbild ist das Fundament von Bildung!

Mit unserem Buch möchten wir all denen, die große Freude am Entdecken, Erfinden und Gestalten haben, viele Anregungen geben, den Kindern die Welt der Buchstaben spannend und unterhaltsam zugleich nahezubringen. Auch mit dem im Handel erhältlichen, begleitenden Spiel „Mein Tier-Alphabet MEMO“ des Don Bosco Verlages können sich die Kinder das ABC auf ganz spielerische Art erobern. Und nun wünschen wir allen, den großen und den kleinen Neugierigen und Entdeckern, viel Freude und Spaß am gemeinsamen Schaffen!

Martina Brausem und Iris Sargun

Von Affe bis Zebra – ein tierisches Alphabet

Affe

„A“-Puzzle

Material • stabiler Karton • Schere

Aus einem festen Karton wird zunächst ein „A“ ausgeschnitten. Dieses „A“ wird anschließend in mehrere Puzzleteile zerschnitten, die man ein bisschen miteinander vermischt. Dann können die Kinder den Buchstaben mit oder auch ohne Vorlage wieder zusammensetzen.

Im Dschungel ist was los!

Material	• Turnbänke, Stühle oder Tische • Hula-Hoop- oder Turnreifen • Taue oder Seile	• viele kleine Bälle, z. B. Tennisbälle, Murmeln oder Steinchen

Das folgende Bewegungsspiel wird nach der Melodie und dem Text von „Die Affen rasen durch den Wald“ gespielt.

Die Affen rasen durch den Wald (trad.)

1. Die Affen rasen durch den Wald,
der eine macht den andern kalt.
Die ganze Affenbande brüllt:
|: „Wo ist die Kokosnuss,
wo ist die Kokosnuss,
wer hat die Kokosnuss geklaut?“ :|

Die Kinder laufen auf allen vieren durch den Raum, klettern auf Stühle, Tische oder Bänke und krabbeln durch zuvor aufgehängte Hula-Hoop- oder Turnreifen.

2. Die Affenmama sitzt am Fluss
und angelt nach der Kokosnuss.
Die ganze Affenbande brüllt:
|: „Wo ist die Kokosnuss...“ :|

Die in einem liegenden Reifen verteilten Steinchen oder Murmeln müssen mit den Füßen oder Zehen herausgeangelt werden.

3. Der Affenonkel, welch ein Graus,
reißt ganze Urwaldbäume aus.
Die ganze Affenbande brüllt:
|: „Wo ist die Kokosnuss..." :|

Die Kinder setzen sich paarweise einander gegenüber auf den Boden, geben sich die Hände und ziehen sich dann gegen- oder auch wechselseitig hoch.

4. Die Affentante kommt von fern,
sie isst die Kokosnuss so gern.
Die ganze Affenbande brüllt:
|: „Wo ist die Kokosnuss..." :|

Alle Kinder laufen in die jeweils am weitesten von ihnen entfernte Ecke des Raumes und halten dort mit der Hand an der Stirn Ausschau nach der Affentante.

5. Das Affenbaby voll Genuss
hält in der Hand die Kokosnuss.
Die ganze Affenbande brüllt:
|: „Wo ist die Kokosnuss..." :|

Alle legen sich einen kleinen Ball (z. B. einen Tennisball) auf die flache Hand, strecken den Arm aus und balancieren diese „Kokosnuss" so durch den Raum.

6. Die Affenoma schreit: „Hurra!
Die Kokosnuss ist wieder da!"
Die ganze Affenbande brüllt:
|: „Wo ist die Kokosnuss..." :|

Nun beginnen alle, sich gegenseitig ihre „Kokosnüsse“ zu klauen und hüpfen, krabbeln und laufen damit wild durcheinander im Raum herum. Am Schluss bilden alle eine Polonaise, indem sie sich an den Schultern fassen und gemeinsam durch den gesamten Kindergarten ziehen.

Affenmaske

Material	• weißer Karton • Hutgummi • Bunt- oder Wachsmalstifte	• schwarzer, dicker Filzstift • Schere

Die abgebildete Schablone für die Affenmaske, vergrößert auf DIN A4, kopieren, diese Kopie ausschneiden und ihre Umrisse auf dem Karton nachziehen. Als Nächstes den Karton ausschneiden und die Maske anschließend hell- und dunkelbraun ausmalen. Die Konturen der Maske betont man am besten mit einem schwarzen Filzstift. Dann wird links und rechts an der Maske ein Loch zum Einfädeln des Hutgummis gebohrt bzw. gelocht und der Gummi individuell, je nach Kopfgröße, angebracht. Jetzt kann die Affenbande losziehen!

Urwald-Snack

Zutaten

- Ananas
- Gouda, Emmentaler oder anderer Schnittkäse
- Schinken oder Frühstücksspeck
- Holzspießchen (z.B. Zahnstocher)
- Pfanne

Die Ananas wird in Stückchen geschnitten und mit einem Stück Käse sowie dem Schinken umwickelt. Danach werden die Häppchen mit einem Holzspießchen fixiert und kurz in der Pfanne erhitzt – fertig! Auf grünem Salat angerichtet, sehen diese Ananas-Käse-Häppchen besonders lecker aus!

Biber

„B"-Pricken

Material	• stabiler Karton oder Metallfolie • Pricknadel und Unterlage	• Papier • Schere

Eine „B"-Schablone aus dem Papier ausschneiden, auf den Karton oder die Metallfolie legen und dann die Umrisse pricken.

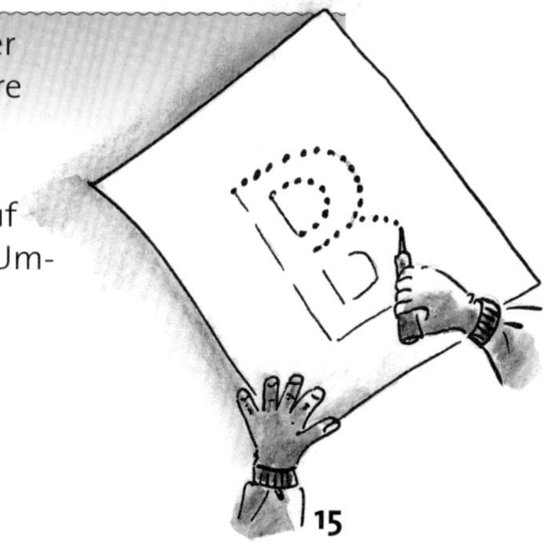

Holztransport für die Biberburg

Material
- Stöckchen
- Schuhkartons oder Körbe
- Seil oder Kreide

Zunächst werden die Kinder in möglichst gleich große Gruppen eingeteilt. Dann stellen sich die einzelnen Gruppen an der mit Kreide oder einem Seil markierten Startlinie auf. Ihnen gegenüber und in angemessener Entfernung wird für jede Gruppe ein Karton positioniert. Alle Gruppen verfügen über einen „Transporthelfer“, der den Mitspielern ein Stöckchen pro Hand reicht. Diese beiden Stöckchen halten die Kinder parallel zueinander, woraufhin der Helfer ein weiteres, drittes, quer darüberlegt. Nun kann der Transport beginnen! Die Kinder laufen los, bringen das aufgelegte Stöckchen auf die andere Seite und werfen es dort in den Karton. Dann heißt es schnell zurücklaufen und dem Helfer die zwei Transportstöckchen wieder zurückgeben. Anschließend ist das nächste Kind an der Reihe usw. Der Gewinner ist diejenige Gruppe, welche als Erste alle ihre Stöckchen im Karton abgelegt hat!

Biber aus Wolle

Material

- weißer Karton
- braune oder schwarze Filzstifte
- braune Märchenwolle
- Klebstoff
- Schere

Zunächst auf den Karton einen Biber aufmalen: Ein großes Ei stellt den Körper dar und ein kleiner Kreis den Kopf. Die Ohren und den länglichen Schwanz nicht vergessen! Und Augen und eine Nase hat der Biber natürlich auch noch. Dann den Biber ausschneiden und die Märchenwolle aufkleben.

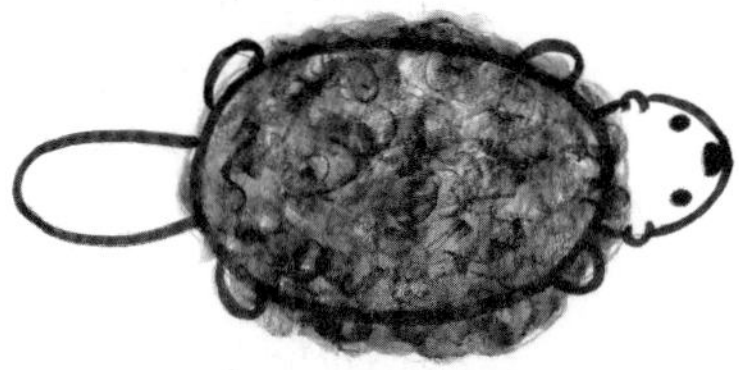

Biber-Piraten-Floß

Material

- 7 bis 8 Ästchen, ca.15 bis 18 cm lang und ungefähr gleich dick
- dünner Blumendraht
- ein Stück Nesselstoff und ein dünnes Stöckchen
- schwarzer Filzstift
- Messer

1. Die Ästchen jeweils ca. 1 cm von beiden Enden entfernt einkerben.
2. Ästchen mit dem Draht zu einem Floß verbinden.
3. Mit dem Filzstift einen Totenkopf auf das Nesselstoff-Segel malen.
4. Das Segel auf den kleinen Stock schieben und diesen Mast zwischen zwei Floßstämme drücken.

3 + 4

1

2

Chamäleon

Aquarell-„C“ – ein Experiment mit Farben

Material	• Aquarell- oder weißes Tonpapier	• Wasserfarben • Wasserglas

Das Blatt Papier leicht anfeuchten und die Farben in Streifen auftragen (in Nass-in-nass-Technik). Dann aus dem bemalten und getrockneten Papier ein „C“ in DIN-A-5-Größe ausschneiden. Dieses „C“ wird nun auf ein weiteres farbig bemaltes Tonpapier aufgeklebt.

Das Chamäleon – ein Verwandlungskünstler

Chamäleons können je nach Stimmung ihre Farbe verändern und sich damit auch ihrer Umgebung anpassen. Sie sehen aus wie Echsen und gehören zur Gruppe der Reptilien, wie z. B. auch die Schlangen. Die kleinsten Arten des Chamäleons sind gerade mal so groß wie ein Miniwürstchen, nämlich etwa 3,5 cm lang. Die größten Chamäleonarten werden dagegen bis zu 1 m lang. Unverwechselbar sind die Augen dieser Tiere. Sie sind sehr groß, stehen wie kleine Kugeln aus dem Kopf hervor und können von dem Chamäleon unabhängig voneinander in verschiedene Richtungen gedreht werden.
Chamäleons wird man bei uns nicht finden, denn sie leben in Ländern, wo es warm ist, z. B. in Afrika, Südeuropa und Südasien. Ihr Hauptlebensraum sind die Bäume, und sind keine vorhanden, dann halten sie sich auch auf niedrigen Pflanzen oder sogar auf dem Boden auf.

Das Gefühls-Chamäleon

Die Kinder setzen sich paarweise gegenüber und zeigen sich abwechselnd mimische Darstellungen von Gefühlen. Sie machen also z. B. ein lachendes Gesicht, ein erstauntes, erschrockenes, wütendes, lustiges usw. Der Spielpartner muss dann das Gefühl erraten, das dem jeweiligen Gesichtsausdruck zugrunde liegt.
Wenn die Kinder bei diesem Spiel großen Spaß haben, kann man auch pantomimische Darstellungen mit dem übrigen Körper einbeziehen: Ein Kind stellt sich z. B. auf das linke Bein und zieht das rechte wie ein Storch angewinkelt nach oben (eine Übung, die übrigens sehr gut für die Schulung des

Gleichgewichtssinnes geeignet ist). Der Kreativität sind hier keine Grenzen gesetzt, unter Umständen können Sie den Kindern auch Anregungen für ungewöhnliche Körperhaltungen geben.

Ich pass mich der Umgebung an!

Material

- zwei oder mehrere Stoffbahnen in der Größe der Kinder, evtl. bedruckt mit Raubtiermuster oder etwas Ähnlichem
- langer Stock oder Leine
- Schere
- wasserlösliche Schminkfarben

Die Stoffbahnen an einer Leine oder einem Stock aufhängen und in Kopfhöhe der Kinder jeweils ein Loch ausschneiden. Dann schminken sich die Kinder genau wie das Muster des Stoffs und stecken ihre geschminkten Gesichter durch die Löcher – wie ein Chamäleon können sie sich so der Umgebung anpassen.

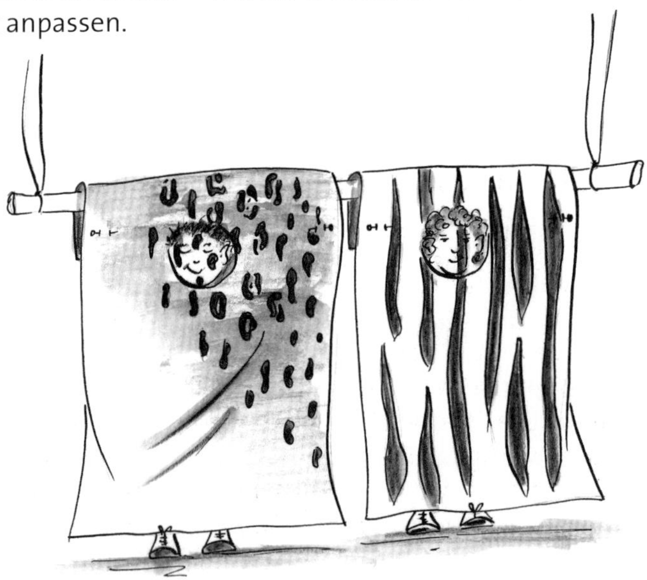

Dinosaurier

Wie lebten die Dinosaurier?

Vor über 225 Millionen Jahren begann die Zeit der Dinosaurier. Sie beherrschten die Erde ca. 160 Millionen Jahre lang und waren die größten Landlebewesen aller Zeiten. Der Name „Dinosaurier“ kommt aus dem Lateinischen und bedeutet „schreckliche Echse“. Der schwerste Dino wog 130 Tonnen, fast so schwer wie ein Blauwal, und der kleinste war nur so groß wie ein Huhn. Die Dinosaurier gehörten zur Gruppe der Reptilien, sind aber auch mit den heutigen Vögeln verwandt. Sie waren Lauftiere und bewegten sich entweder auf zwei oder vier Beinen. Ein großer Teil der Dinosaurier war Pflanzenfresser. Ihre Zähne waren so entwickelt, dass sie damit das zähe Laub und die Blüten zerkauen konnten. Diese Zähne nutzten sich zwar schnell ab, wuchsen aber im Gegensatz zu unseren immer wieder nach.

Das Daumen-„D“

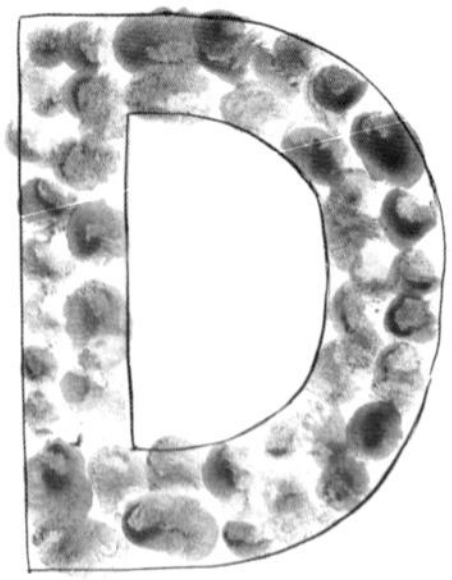

Material
- DIN-A4-Bögen aus festem Papier
- Finger- oder Wassermalfarbe
- Bleistift

Zunächst wird mit dem Bleistift ein großes, doppelwandiges „D“ auf das Papier gezeichnet. Anschließend wird dieses „D“ mit dem „Daumenstempel“ bunt ausgefüllt.

Luftballon-Dinosaurier

Material
- Luftballons

Die Kinder bilden zunächst Gruppen von jeweils 5 Personen. Dann stellen sich die Mitglieder jeder Gruppe in einer Reihe hintereinander auf, und zwar so, dass sie mit dem Rücken und dem Bauch immer einen aufgeblasenen Luftballon zwischen sich festhalten. Nun ist der Dino komplett, und die Reise durch die „Urlandschaft“ kann beginnen. Mal sehen, wie lange die Kinder die Luftballons auf ihrem Weg durch den Kindergarten bzw. das Außengelände zwischen sich halten können! Wenn dieses Spiel allen Spaß macht, dann kann der Luftballon-Dino auch versuchen, Hindernisse zu überwinden, also z. B. durch einen Reifen klettern oder über einen Stuhl steigen.

Urzeit-Dino-Relief

Material

- roter Ton oder alternativ eine gebrauchsfähige Modelliermasse
- Modellgips
- Teigrolle
- kleiner Plastikdinosaurier

Zunächst den Ton ca. 2 cm dick ausrollen, die dabei entstehende Platte sollte etwas größer sein als der Plastikdinosaurier. Als Nächstes aus Ton Würste formen und als Rand um die Platte setzen. Anschließend den Spielzeugdino in die Tonplatte drücken und vorsichtig wieder entfernen. Dann wird die so entstandene Form mit Gips ausgegossen, den man nach der angegebenen Trocknungszeit (ca. 1,5 Std.) wieder entfernt – fertig ist das Dino-Relief! Die rotbräunliche Verfärbung des Gipses durch den Ton gibt dem Relief eine zusätzliche „urzeitliche“ Wirkung.

Elefant

Ich weiß, wie man Elefanten malt!

Material • Papier • Buntstifte oder Wachsmalkreiden

1. Für den Körper des Elefanten wird zunächst ein großes Ei gemalt.
2. Ein kleineres Ei kommt als Kopf dazu, dann folgen zwei dicke Säulen für die Beine.
3. Auch das Ohr hängt wie ein Ei am Kopf.
4. Nun den langen Rüssel und die Stoßzähne hinzufügen.
5. Damit er etwas sehen kann, erhält der Elefant auch ein Auge.
6. Zum Schluss noch den Körper ausmalen – fertig ist der Elefant!

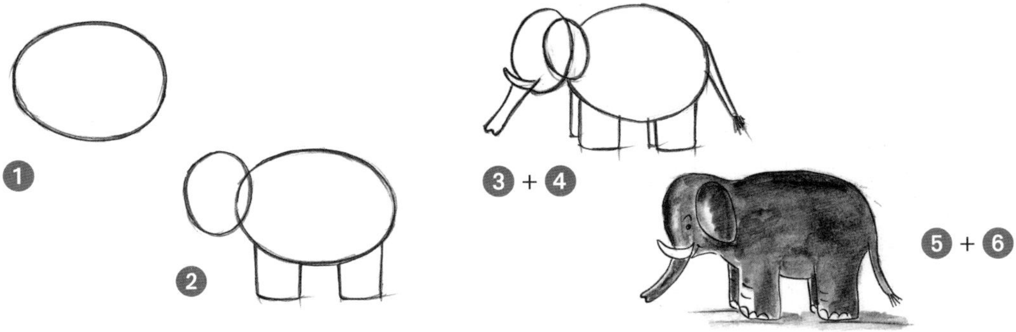

Wir legen ein großes „E“

Material
- ein oder mehrere Seile
- kleine Bausteine, Spielzeugautos, Murmeln oder Ähnliches

Zunächst formen die Kinder auf dem Boden aus den Seilen ein großes „E“. Wenn ihnen das noch schwerfällt, sollte man ihnen den Buchstaben vorlegen oder ein Bild davon als Muster bereitstellen. Dann werden die Kinder aufgefordert, mit ihren Händen den Verlauf des Buchstabens an den Seilen nachzufühlen oder mit einem Spielzeugauto um das „E“ herumzufahren. Um die Form des Buchstabens noch klarer darzustellen, kann das „E“ auch mit Bauklötzen, Steinen oder Murmeln ausgefüllt werden.

Das dicke „E“

Material
- dicke Kordel
- Plakafarbe
- DIN A4-Tonkarton
- Schere

Zunächst werden von der Kordel drei Stücke von 10 cm und ein Stück von 20 cm Länge abgeschnitten. Dann werden diese Kordelstücke in Farbe getaucht und – solange die Farbe noch nicht trocken ist – in Form eines „E“ auf den Tonkarton gedrückt.

Die fünf blinden Gelehrten und der Elefant (trad.)

Es waren einmal fünf weise Gelehrte. Alle waren sie blind. Der König, in dessen Reich diese Gelehrten lebten, schickte sie eines Tages auf eine Reise. Er wollte nämlich herausfinden, was ein Elefant ist, und so machten sich die fünf Weisen auf, um es für ihn zu erkunden. Als sie endlich nach Indien kamen, wurden sie zu einem Elefanten geführt. Da standen sie nun um das Tier herum und versuchten zu ertasten, wie denn wohl so ein Elefant aussehen könnte.

Nach getaner Arbeit kehrten sie zum König zurück, um ihm zu berichten. Der erste blinde Gelehrte, der den Rüssel ertastet hatte, sprach: „Ein Elefant ist wie ein langer Arm.“ Der zweite blinde Gelehrte dagegen hatte ein Ohr des Elefanten gefühlt und meinte: „Nein, nein, ein Elefant ist wie ein großer Fächer.“ Nun sprach der Dritte: „Aber was sagt ihr denn da! Ein Elefant ist wie eine dicke Säule.“ Denn er hatte die Beine des Elefanten berührt. Danach meldete sich aber gleich der vierte Weise zu Wort und erklärte: „Also, ich finde, ein Elefant ist wie eine kleine Strippe, mit ein paar Haaren am Ende.“ Und der Fünfte schließlich berichtete dem König: „Und ich sage Euch, ein Elefant ist wie eine riesige Masse mit Rundungen und ein paar Borsten darauf.“ Dieser Gelehrte hatte den Körper des großen grauen Tieres berührt. Weil aber nun jeder etwas anderes berichtet hatte, fürchteten die blinden Gelehrten den Zorn des Königs. Doch der war klug und gutmütig, lächelte die fünf Weisen an und sprach: „Ich danke euch, denn nun weiß ich, dass der Elefant ein Tier ist mit einem Rüssel wie ein langer Arm, mit riesigen Ohren wie große Fächer, dass er starke Beine hat, die wie dicke Säulen aussehen, dass sein Körper groß und massig ist, mit einer etwas borstigen Haut, und dass er schließlich auch noch hinten einen kleinen, dünnen Schwanz mit einem Haarbüschel besitzt.“

Da senkten die so klugen fünf Gelehrten beschämt ihre Köpfe, denn sie erkannten, dass jeder von ihnen nur einen kleinen Teil des Elefanten ertastet hatte, sie das Tier aber nicht als Ganzes erkannten, weil sie sich nichts voneinander erzählt hatten.

Frosch

Mein Frosch

Ich habe keine Katze,
ich habe keinen Hund.
Ich habe einen kleinen Frosch
mit einem großen Mund.

Zu Haus, im Auto, im Büro,
da bin ich nicht allein.
Und wenn ich in die Oper geh –
mein Frosch hüpft hinterdrein.

Dort ist ihm wohl, da singt er mit,
es hallt durchs Riesenhaus.
„Hör auf!“, so ruft der Dirigent,
sonst schmeiß ich dich hinaus.

Josef Guggenmos

Stempel-Frosch

Material
- Papier
- Wasserfarben
- Filzstifte

Wasserfarbe anmischen und den Daumen gut damit anmalen, dann den Frosch mit dem Daumen auf das Papier stempeln. Für den Körper nimmt man am besten den ganzen Daumen, für den Kopf nur die Daumenspitze. Zum Schluss Augen, Mund und Beine mit dem Filzstift aufmalen.

Ein „F“ aus vielen kleinen Froschgesichtern

Material
- flache, runde Steine
- Plakafarben
- Pinsel

Zunächst werden die flachen, runden Steine mit Froschgesichtern bemalt. Wenn die Farbe trocken ist, werden diese Froschgesichter so auf dem Boden ausgelegt, dass sie zusammen ein „F“ ergeben. Da Steine eine starke Anziehungskraft ausüben und sich gut für Massagen eignen, können sich die Kinder dann auch auf dieses große „F“ legen. Das fördert die Fähigkeit zum Fühlen und Wahrnehmen des eigenen Körpers. Sind die Kinder schon in der Lage zu zählen, dann können sie auch versuchen, herauszufinden, auf wie vielen Steinen sie liegen.

Origami-Frösche

Material • Origamipapier

Das Papier nach der abgebildeten Anleitung falten – fertig ist der Origami-Frosch! Mit etwas Geduld kann man so eine ganze Froschfamilie basteln!

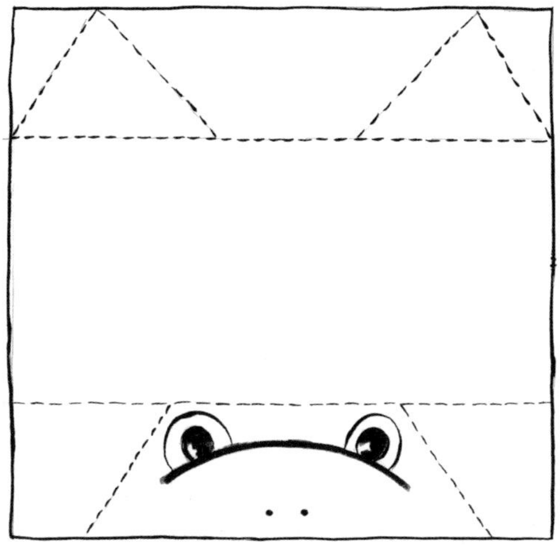

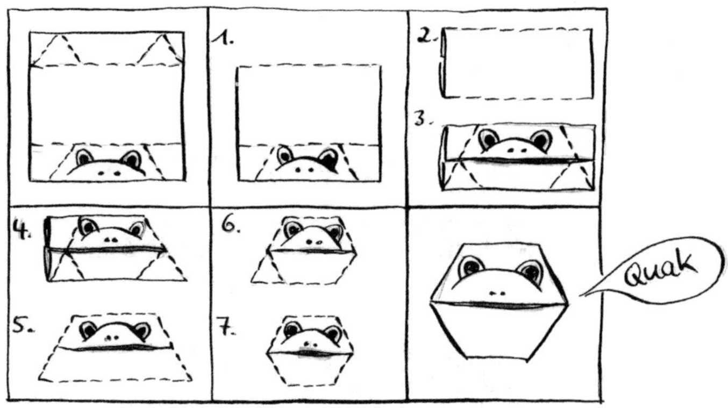

Das bunte „F“

Material
- Kleister
- Pinsel
- Tonpapier
- Konfetti

Auf das Tonpapier mit dem Pinsel ein großes „F“ aus Kleister aufstreichen und dann das bunte Konfetti darüberstreuen. Wenn der Kleber trocken ist, wird das überschüssige Konfetti einfach von dem Papier abgeschüttelt.

Giraffe

Die Giraffen

Neulich fragten zwei Giraffen:
„Ob wir das wohl schaffen,
wenn wir uns recken,
wenn wir uns strecken,
dass wir den Kopf in die Wolken stecken?"
„Nein, meine Liebe, das schaffen wir nie!"
„Na, dann nicht", sagten sie.

Mira Lobe

Giraffenfell-„G“

Material

- 2 Blatt festes Papier
- gelbe und schwarze Wachsmalstifte
- Spatel oder Kratzer
- Schere
- Klebstoff

Als Erstes wird das Papierblatt ganz gelb angemalt, dann diese gelbe Fläche vollständig mit dem schwarzen Wachsmalstift übermalen. Dabei sollte man drauf achten, dass die schwarze Farbe das Gelb gut abdeckt. Danach wird mit einem Spatel oder einem Kratzer das Schwarz so abgekratzt, dass eine Art „Felloptik“ entsteht. Zum Schluss schneidet man aus dem bemalten Papier ein großes „G“ aus und klebt es auf ein anderes buntes Blatt.

Yoga-Übung: „Wir werden eine Giraffe“

1. Die Kinder stellen sich mit schulterbreit gegrätschten Beinen fest auf den Boden, die Arme hängen zunächst gestreckt am Körper herunter. Dann verschränken sie die Hände, drehen die Handflächen nach unten und heben die Arme gestreckt über dem Kopf nach oben. Nun geht es darum, den ganzen Körper nach oben wachsen lassen, ohne dabei den Kontakt zum Boden zu verlieren. Der Kopf bleibt während der Übung immer gerade, der Nacken ist lang, und der ganze Körper wird gedehnt, schließlich aus der Dehnung lösen und die Arme wieder sinken lassen.
2. Wie bei der vorhergehenden Übung wird auch hier zunächst eine stabile Standposition, mit schulterbreit gegrätschten Beinen, eingenommen. Dann wird die rechte Hand an die rechte Hüfte gelegt, wobei der Daumen nach hinten zeigt, während der linke Arm nach oben gestreckt wird. Auf diese Weise wird die

linke Körperhälfte gedehnt. Dabei ist es wichtig, die Schulter nicht mit hochzuziehen und das Becken waagrecht zu halten, also nicht abzuknicken. Danach wird die gleiche Übung mit der anderen Körperhälfte wiederholt. Am Ende der Übung werden schließlich beide Arme gleichzeitig nach oben gestreckt, wobei die Handinnenflächen zueinander gekehrt sind. Zuletzt lässt man die Arme langsam wieder seitlich sinken.

3 Nachdem, wie oben, die stabile Standposition eingenommen wurde, werden die gestreckten Arme seitlich am Körper hochgenommen, die Schulter dabei möglichst nicht mit nach oben ziehen. Dann werden die Hände verschränkt und auf den Hinterkopf gelegt, wobei die Ellenbogen seitlich vom Körper weg zeigen. In dieser Position wird dann der Oberkörper langsam nach links und rechts gedreht. Das Becken bleibt dabei immer in der gleichen Position.

4 Zunächst stellen sich die Kinder wieder mit den schulterbreit gegrätschten Beinen in die stabile Standposition. Dann heben sie die gestreckten Arme nach oben, wobei die Handinnenflächen zueinander zeigen. Die Schultern gehen dabei nicht mit nach oben. Nun kommt es darauf an, bei geradem Oberkörper und gestreckten Beinen in der Hüfte einzuknicken und so den Oberkörper nach vorne zu beugen. Ist diese Position erreicht, lässt man die Arme und den Kopf locker hängen. Danach richten sich die Kinder langsam auf, bis sie die Ausgangsstellung mit den über den Kopf gestreckten Armen wieder erreicht haben.

5 Zuletzt die beiden Arme seitlich am Körper absinken lassen.

Hase

Häschen in der Grube – eine Entspannungsübung

Zur Vorbereitung	• ein ruhiger Raum • Turnmatten	• Decken und Kissen • warme Socken

Zunächst legen sich alle auf die im Kreis angeordneten Matten. Jeder erhält dazu noch ein Kissen und eine Decke. Es ist wichtig, die Kinder auf die Entspannungsphase vorzubereiten, ihnen ausreichend Zeit zu geben, sich gemütlich hinzulegen und zur Ruhe zu kommen.
Beginnen Sie nun, in normaler Lautstärke das Lied „Häschen in der Grube“ mit dem neuen Text von Seite 35 zu singen, dabei aber immer leiser zu wer-

den. Die letzten Noten werden nur noch gesummt. Teilen Sie den Kindern anschließend leise mit, dass sie ruhig noch etwas liegen bleiben können. Beobachten Sie die Kinder während der Übung; wenn Sie merken, dass Unruhe entsteht, dann beenden sie die Entspannungsphase, indem sie ein Glöckchen erklingen lassen. Danach sollen alle erst einmal kräftig durchatmen und ihre Arme und Beine ausstrecken.

Filzhase

Material

- 3 bis 4 mm dicker Filz oder Fotokarton
- Hasenschablone aus Papier
- Stift
- Schere

Zunächst die abgebildete Hasenschablone aus dem Buch kopieren und ausschneiden. Dann die Schablone auf den Filz auflegen, umzeichnen und den Umriss ausschneiden. Als Nächstes in die beiden Filzstücke bis zur gekennzeichneten Stelle einen Schlitz schneiden und beide Teile ineinanderschieben – fertig ist der Hase!

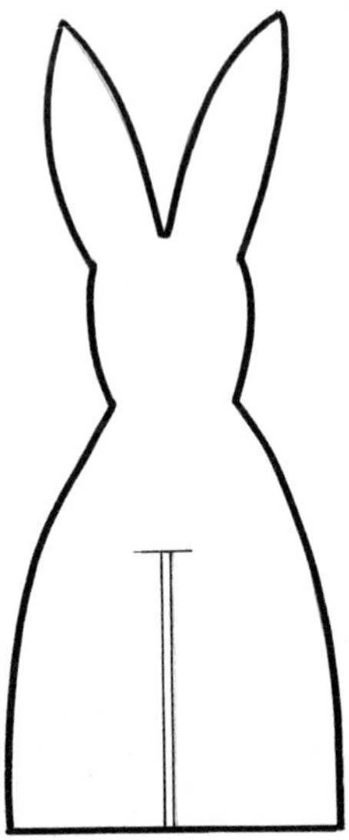

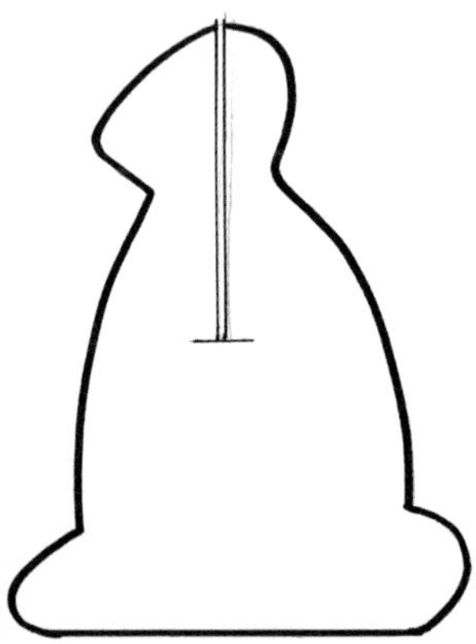

Häschen in der Grube (trad.)

1. Häschen in der Grube, lag und schlief.
   Armes Häschen bist du müd,
   dass du nicht mehr hüpfen kannst?
   Häschen schlaf, Häschen schlaf, Häschen schlaf!

2. Häschen in der Grube, träum recht gut, träum recht gut.
   Armes Häschen bist du müd,
   dass du nicht mehr hüpfen kannst?
   Häschen träum, Häschen träum, Häschen träum!

Ein „H“ stellen

Die Kinder stellen sich paarweise einander gegenüber auf und geben sich beide Hände – fertig ist das „H“! Positionieren sich viele solcher Paare nebeneinander, dann ergibt das eine „H“-Schlange. Nun können alle nacheinander durch die „H“-Paare hindurchkrabbeln oder, beim nächsten Durchgang, auch über den Mittelsteg des „H“ hinwegsteigen. Wenn das Spiel den Kindern Spaß macht, können sie sich auch noch weitere Varianten ausdenken.

„H“-Leporello

Material
- DIN A3-Tonpapier
- dickes Papier oder Pappe
- Stift
- Lineal
- Schere

1. Das Tonpapier zunächst der Länge nach in 10 cm breite Streifen schneiden.
2. Aus der Pappe ein „H“ mit 10 cm Höhe ausschneiden.
3. Dann an einem Ende der Tonpapierstreifen diese „H“-Schablone auflegen und abzeichnen.
4. Das Tonpapier an der Kante des „H“ knicken und dann den gesamten Streifen wie eine Ziehharmonika in der Breite des „H“ falten.
5. Das gefaltete „H“ ausschneiden und zuletzt das Papier wieder auseinanderfalten.

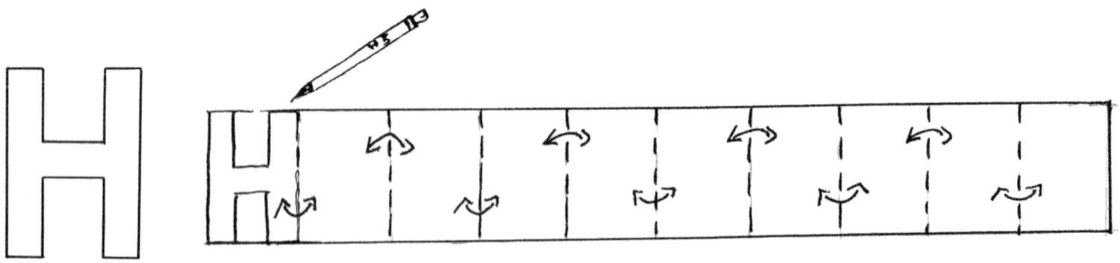

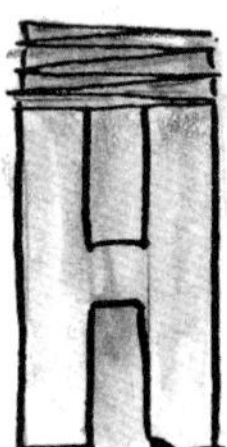

Igel

Gewebtes „I“

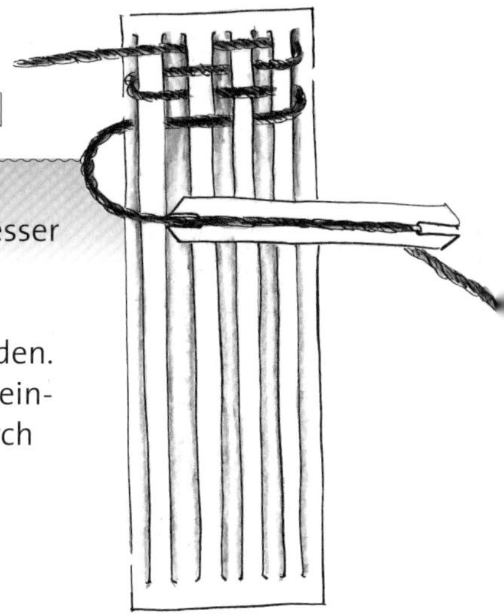

Material

- stabiler Karton, z. B. Rücken eines Zeichenblocks
- Webschiffchen
- Wolle
- Tapetenmesser

Aus dem Papier ein längliches Rechteck (ein „I“) ausschneiden. Dann mit dem Tapetenmesser der Länge nach Schlitze hineinschneiden und mit dem Webschiffchen den Wollfaden durch diese Schlitze ziehen.

Igeltanz-Fußmassage

Material
- verschiedene Materialien, wie z. B. Sand, kleine Steinchen, trockene Erbsen, Reis u.v.m.
- Schuhe
- eventuell kleine, flache Kisten

Zunächst werden die oben genannten Materialien auf dem Boden oder in kleinen, flachen Kisten ausgelegt. Dann können die Kinder barfuß darübergehen und dabei das Material erfühlen. Eine lustige Variante ist es, sich die Augen zu verbinden und zu erraten, worüber man gerade geht.
Zum Abschluss können die Kinder mit nackten Füßen in ihre Schuhe schlüpfen und durch den Raum schreiten. Wer mag, legt eine flotte CD in den CD-Player und fängt ein Tänzchen an!

Der Stecknadel-Igel

Material
- Ton oder Knetmasse
- Stecknadeln oder Zahnstocher

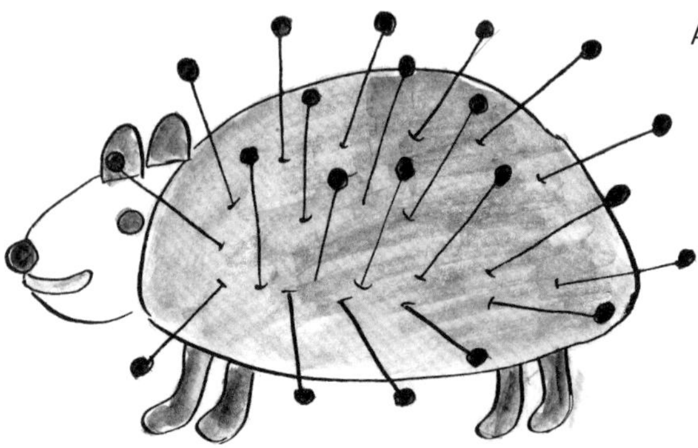

Aus Knetmasse oder Ton wird zunächst ein Igel geformt. Dabei bildet eine große Kugel den Körper, eine kleinere den Kopf, und dann werden noch die vier Beine angebracht. Damit unser Igel auch richtige Stacheln hat, können wir nun reihum Stecknadeln oder Zahnstocher in den Körper pieksen.

Jaguar

Jaguar – ein Tier und eine Automarke

Jaguare sind Raubkatzen und leben in Mittel- und Südamerika, von Mexiko bis Argentinien. Sie sind dort im tropischen Klima des Regenwaldes oder auch im angrenzenden Buschland zu Hause.
Der Jaguar lauert seiner Beute auf und schleicht sich wie eine Katze heran. Nach einer kurzen Jagd wird die Beute zu Boden gerissen und erlegt. Jaguare fressen Hirsche, Tapire, Gürteltiere u.v.a. Dadurch, dass der Mensch den Regenwald in Südamerika immer weiter zerstört, ist auch der Lebensraum dieser Tiere immer stärker bedroht.

Der Jaguar ist aber auch eine englische Automarke, die es schon seit über 100 Jahren gibt. Diesen Namen hat das Auto bekommen, weil es besonders schnell und schnittig aussieht. Auf allen Autos dieser Firma ist vorn auf der Motorhaube ein Jaguar als Kühlerfigur abgebildet.

Jaguare auf der Jagd

Der größte Teil der Kinder bildet einen Kreis und fasst sich an den Händen. Die wenigen verbliebenen Mitspieler (bei einer Gruppengröße von 10 Kindern z. B. 2) setzen sich in die Kreismitte und spielen die Jaguare. Diese sprechen gemeinsam den Text: „Wollen mal spazieren gehn, ob wir da wohl einen Jaguar sehn? Die Uhr schlägt eins, ist keiner da, die Uhr schlägt zwei, ist keiner da, die Uhr schlägt drei, ist keiner da. Dann schlägt die Uhr vier, da kommt das schnelle Tier!“
Sobald der Spruch zu Ende ist, laufen die Kinder, die den Kreis gebildet haben, hinter eine vorher markierte Ziellinie. Die „Jaguare“ müssen nun versuchen, sie zu fangen. Wer erwischt wurde, wird selbst zum „Jaguar“ und setzt sich beim nächsten Durchgang des Spiels mit in die Kreismitte.

Ein „J“ im Sand

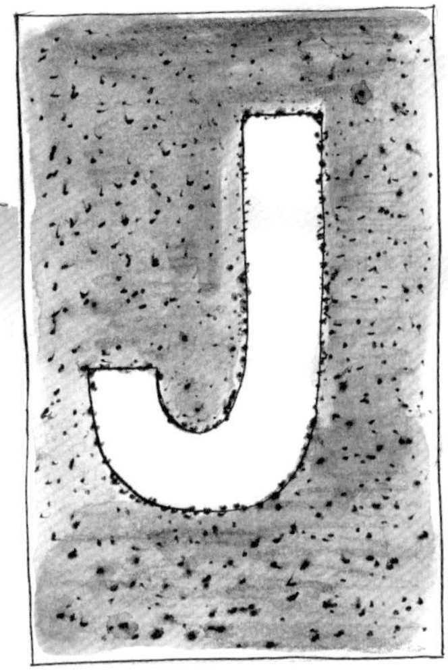

Material
- Karton
- Kleister
- bunter Sand
- kleiner Löffel, Holzspachtel o. Ä.

Als Erstes wird der Kleister angesetzt und der ganze Karton – nicht zu dick – damit eingestrichen. Dann streut man den bunten Sand darauf und lässt ihn etwas antrocknen. Zum Schluss mit einem kleinen Löffel, einer Holzspachtel o. Ä. den Sand so abtragen, dass ein „J“ entsteht. Für die Buchstaben-Sammelmappe das Bild in eine Folie stecken.

Ein Jaguar läuft übers Papier!

Material
- Papier
- Fingerfarbe
- schwarzer Filzstift

Mit schwarzer Fingerfarbe kann man prima Pfotenabdrücke aufs Papier machen! Zunächst den Handballen bestreichen und auf das Papier aufdrücken. Für die fünf Zehenballen der Jaguarspur nimmt man dann die Fingerkuppen. Die Krallen noch mit dem Filzstift hinzumalen – fertig!

Kakadu

Kakadu-Federball

Material	• Knetmasse • bunte Federn	• Karton oder Turnreifen

Aus der Knetmasse einen etwa handgroßen Ball formen und an einer Stelle die bunten Federn einstecken. Dann kann das Zielwerfen beginnen: Es gilt, den Federball in einen Karton oder Turnreifen zu werfen, der anfangs in geringer Entfernung aufgestellt werden sollte. Im Verlauf des Spiels kann der Karton bzw. Reifen dann immer weiter weggerückt werden. Der Reifen kann als Ziel auch hängend angebracht sein.

Eine schwierigere Variante ist es, den Federball mit geschlossenen oder verbundenen Augen zu werfen. Dabei wird der blinde Werfer von einem anderen Kind so lange dirigiert, bis er das Ziel trifft. Viel Spaß und Erfolg!

Ein Feder-„K“

Zutaten

- weißer Karton
- Stifte
- Klebestift
- gelbe und weiße Federn

Zunächst wird ein „K“ auf den Karton gezeichnet. Wenn das für die Kinder noch zu schwer ist, kann man ihnen den Buchstaben auch vorzeichnen oder eine Vorlage zur Verfügung stellen. Dann wird der Karton in Etappen mit dem Klebestift angestrichen und mit den Federn beklebt, wobei das „K“ frei gelassen wird. Für die Buchstaben-Sammelmappe das Bild in eine Folie stecken.

Kakadu im Filterkleid

Material
- stabiler Karton oder festes Papier
- weiße Filtertüten
- Wäscheklammern
- gelbe und blaue Ostereierfarbe
- Gefäße für die Farbe

Die Filtertüte wird locker zusammengerollt und mit der Wäscheklammer gefasst. Dann in das erste Farbbad tauchen. Achtung: Die Farbe steigt sofort hoch, deshalb nur ein kleines Stück der Filtertüte hineinstecken. Anschließend wieder herausziehen und umdrehen, sodass man nun das nasse, bereits farbige Ende mit einer zweiten Klammer zu fassen bekommt. Jetzt wird die trockene Seite in die zweite Farbe getaucht. Dabei muss man darauf achten, dass zwischen den beiden farbigen Enden noch eine weiße Fläche sichtbar bleibt. Zum Schluss die getrocknete Tüte auf stabilen Karton oder festes Papier aufkleben, Kopf und Füße dazumalen und die Federn für den Schwanz ankleben.

Lama

Das Lama

Das Lama gehört zur Familie der Kamele. Weil es nur in Südamerika, also in der „Neuen Welt“ lebt, wird es auch „Neuweltkamel“ genannt. Lamas sind dort wichtige Tiere, weil sie in den steilen Bergen schwere Lasten transportieren können, z. B. Kartoffeln. Außerdem werden sie auch als Woll- und Fleischlieferant genutzt. Lamas sind sehr genügsame Tiere, sie ernähren sich von Gräsern, Pflanzen, Sträuchern, Blättern und Pilzen.
Das Fell der Lamas hat eine unterschiedliche Färbung, es kann weiß, braun, schwarz oder auch grau sein. Es ist sehr dicht, weich und wollig. Das Lama sieht sehr anmutig und stolz aus, sein Rücken ist gerade und es hat keinen

Höcker. Seine Augen sind sehr groß und haben ganz lange Wimpern. Die Ohren sind lang und spitz, dadurch sieht es so aus, als seien die Lamas immer sehr aufmerksam und wachsam.
Und etwas ganz Besonderes können die Lamas, nämlich schwimmen und spucken! Wenn Lamas sich belästigt fühlen, spucken sie den Störenfried an. Dabei zeigen sie eine erstaunliche Treffsicherheit. In der Regel bespucken sich die Lamas aber nur untereinander, um ihre Rangordnung festzulegen. Menschen sind normalerweise keine Opfer dieser Spuckattacken – also keine Angst im Zoo, man kann sich ruhig nah an den Zaun herantrauen!

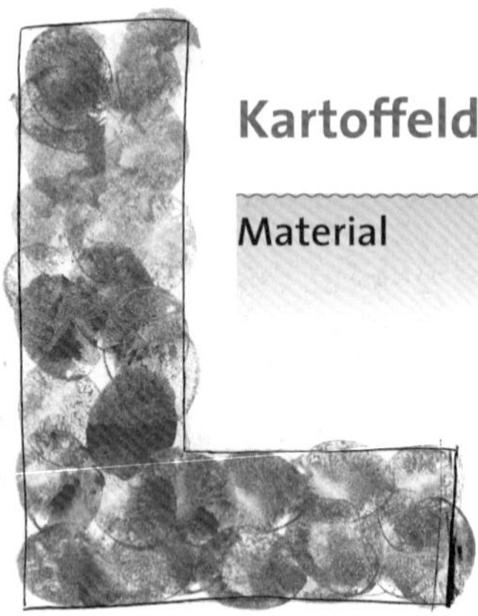

Kartoffeldruck-„L“

Material

- weißer Fotokarton
- Kartoffeln
- Plaka- oder Wasserfarben
- Pinsel
- Messer

Kartoffeln in geeigneter Größe auswählen und halbieren. Wer will, kann auch noch ein Muster in die Kartoffelfläche einschneiden. Dann die Druckseite mit Farbe einpinseln und Stempel für Stempel ein großes „L“ auf den Karton drucken.

Kartoffeltransport über die Anden

Material

- Korb
- einige Kartoffeln
- Tische, Stühle oder Leitern
- Turnmatten und andere vorhandene Turngeräte

Mit den oben angegebenen Materialien wird zunächst ein Bewegungsparcours gebaut, der möglichst verschiedene Höhen und Schwierigkeitsgrade aufweist. Im Vierfüßlerstand geht es dann auf die Reise. Der mit Kartoffeln beladene Korb steht auf dem Rücken eines Kindes und soll nun über die „Anden“ transportiert werden, möglichst, ohne dass er herunterfällt.

Andenlandschaft – wo die Lamas zu Hause sind

Material
- Karton
- Klebestift
- buntes Seiden- oder Tonpapier

Das Seiden- oder Tonpapier in viele unterschiedlich große Teile reißen und diese auf dem Karton zu einer Andenlandschaft aufkleben. Zum Schluss in der gleichen Technik das Lama und eventuell auch noch einen Indio hinzufügen. Der weiteren, fantasievollen Ausgestaltung des Bildes sind dabei keine Grenzen gesetzt!

Spucken wie ein Lama!

Material
- Kirschkerne oder Nüsse

Zu Beginn des Spiels wird eine Startlinie festgelegt, an der sich alle aufstellen. Dann geht es los: Wer die Kerne am weitesten spuckt, ist der Gewinner!

Maus

Wir sind in Feld und Haus (trad.)

Wir sind in Feld und Haus
und stehlen uns den Schmaus.
Wir piepsen und wir naschen,
es wird uns keiner haschen!
Und will es einer doch,
schwupp – sind wir im Loch.

Wir backen ein „M“

Zutaten für ca. 15 „M“ in DIN A4-Größe	• 500 g Mehl • 20 g Hefe • 50 g Zucker • ca. 1/8 bis 1/4 l Milch	• 100 g Butter • 1 Prise Salz • 1 Ei

Den Teig nach dem Hefeteig-Grundrezept herstellen und daraus die „M“ formen. Die Teigbuchstaben eventuell noch mit einem Muster verzierten und backen – fertig!
Für die Buchstaben-Sammelmappe der Kinder kann man das Backblech mit den Teigbuchstaben fotografieren und das Foto einkleben.

Mäuse-Kegelspiel

Material

- 9 Pappbecher oder leere Toilettenpapierrollen
- weißes Papier
- schwarze Plakafarbe
- Pinsel
- Kleber
- Papprolle
- fester Karton
- Gummiband
- Tischtennisbälle
- Schere

1 

2 

Als Erstes basteln wir die Mäuse:

1. Die Pappbecher bzw. Toilettenpapierrollen mit schwarzer Farbe anmalen.
2. Die Schablonen mit dem Mäusegesicht und den Ohren 9-mal auf weißes Papier übertragen bzw. aus dem Buch kopieren und ausschneiden. Dann die Mäusegesichter auf den Pappbecher bzw. die Toilettenpapierrollen aufkleben und die Ohren aufstecken. Die Pupillen für die Augen und die Tasthaare für die Mäuseschnauze mit schwarzer Farbe aufmalen.

Dann kommt das Schleuderbrett dran:

1. Die Papprolle halbieren.
2. Jede der beiden Rollen an einem Ende im Abstand von 1 cm jeweils 1 cm tief einschneiden und die beiden Rollen in einer Entfernung von etwa 13 cm senkrecht auf den Karton aufkleben. Zur Stabilisie-

rung zwischen die beiden Rollen ein entsprechend langes Holzstäbchen klemmen und mit Kleber gut fixieren.

❸ Das Gummiband über die Papprollen ziehen

Wenn der Leim trocken ist, kann mit Tischtennisbällen ein erster Probeschuss auf die Mäuse-Kegel gestartet werden. Viel Erfolg!

① – ③

Nilpferd

Das Zeitungs-„N“

Material	• Zeitungspapier • Tonpapier	• Schere • Kleber

Aus Zeitungspapier vorsichtig einen ca. 2 cm breiten, langen Streifen reißen oder schneiden. Dann den Streifen zu einem „N“ legen und auf einen Bogen Tonpapier aufkleben.

Ein Nilpferd im Wasser

Material
- weißes Papier
- Stift und Farbstifte
- Schere
- Schüssel mit Wasser

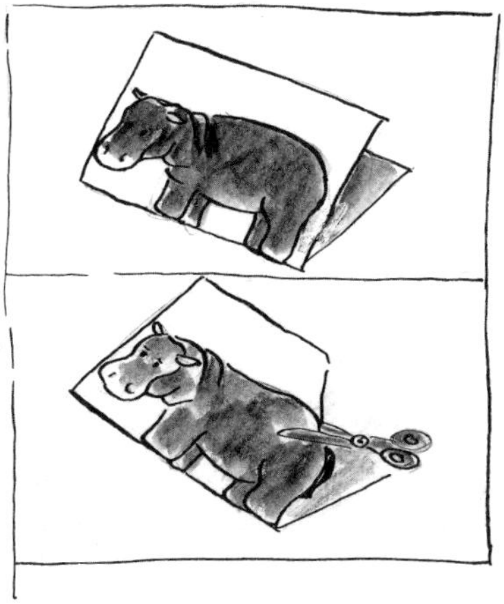

Zunächst wird ein quer liegendes DIN A4-Blatt einmal in der Mitte gefaltet. Dann wird auf eine der gefalteten Hälften außen das Nilpferd aufgezeichnet und ausgemalt. Als Nächstes schneidet man das Tier aus dem oben liegenden Blatt aus, wobei die andere Hälfte des Papiers aber ganz bleiben muss. Nun kann das Nilpferd zu Wasser gelassen werden, indem man das Papier mit der nicht geschnittenen Hälfte ins Wasser legt. Alle beobachten gespannt, was nun passiert!

Nilpferd-Entspannung

Zur Vorbereitung
- ein ruhiger Raum
- Decken oder Turnmatten
- Kissen und warme Socken
- eventuell flache, nicht zu schwere Steine

Wie bei jeder Entspannungsübung sollten die Kinder auch hier auf den Ablauf vorbereitet sein. Zudem sollte auch der Raum, in dem die Übung stattfindet, zuvor passend hergerichtet werden.
Die Kinder werden als Erstes aufgefordert, sich auf die im Raum ausgelegten Decken oder Matten zu legen. Damit wird die für die Entspannungsübung nötige Ruhephase eingeleitet. Wenn sich die Kinder im Ruhezu-

stand befinden, wird die Schwereübung begonnen. Dabei sollte man daran denken, die folgenden Worte ruhig und in einer angemessenen Lautstärke zu sprechen. Während der eingeschobenen Sprechpausen erhalten die Kinder die Zeit, die Entspanntheit und Schwere des Körpers besonders intensiv zu spüren.

„Ihr alle kennt doch ein Nilpferd und wisst, dass dieses Tier sehr groß, grau und sehr schwer ist! Schließt eure Augen und stellt euch vor, ihr seid so ein Nilpferd!“
Sprechpause
„Denkt daran, wie ihr mit schweren Schritten, auf euren breiten Füßen, einen Fuß nach dem anderen, durch den Sand stampft! Nur langsam und schwer geht es voran!“
Sprechpause
Euer Kopf bewegt sich hin und her, ganz langsam. Ihr schaut euch um, lasst dabei aber die Augen geschlossen, und jeder stellt sich vor, wo er in Gedanken gerade ist und wie es dort aussieht.“
Sprechpause
„Da seht ihr, nicht allzu weit entfernt, einen großen, grünen und saftigen Busch und macht euch auf den Weg dorthin. Jetzt kann erstmal gegessen werden! Mit dem großen Maul reißt ihr euch das Grün ab und lasst es genüsslich in euren Bauch wandern. Mmmmh, das ist besonders lecker!“
Sprechpause

„Nach dem Essen wird euer Körper noch schwerer, und ihr seid auch durstig! Ganz in der Nähe ist ein großer Fluss, da geht ihr jetzt hin. Die schweren Füße tragen euren schweren Körper bis zum Fluss. Ihr stampft durch den Sand und legt euch am Wasser erstmal hin und ruht euch aus!
In der folgenden Pause können die Steine, die vorher gesammelt worden sind, nacheinander auf den Kindern verteilt werden. Dabei legt man jedem Kind ca. 4 flache und nicht zu schwere Steine auf den Bauch. Damit die Kinder Zeit haben, die Schwere zu spüren, legt man immer nur einen Stein auf, dann folgt das nächste Kind usw., bis der Erste wieder an der Reihe ist.
„So, das Essen ist verdaut, jetzt kann gebadet werden! Langsam lasst ihr euren schweren Körper ins Wasser gleiten, taucht unter und taucht wieder auf. Das Wasser trägt euch und die Wellen schaukeln euch hin und her."
Sprechpause
„Nun wird es Zeit, wieder aus dem Wasser zu kommen. Ihr geht an Land, schmeißt euch in den Sand und rubbelt damit den ganzen Körper ab!"
Jetzt sollten die Kinder zur Ausleitung der Entspannungsphase aufgefordert werden, sich wieder aktiv zu bewegen, die Arme und Beine anzuwinkeln und wieder zu strecken sowie mehrmals hintereinander tief ein- und auszuatmen.
„So, nun ist eure Nilpferdzeit vorbei, ihr seid wieder im Kindergarten. Öffnet die Augen und schaut euch um, ihr seid wieder hier!"

Wer möchte, kann die Entspannungsübung mit einer kleinen Gesprächsrunde abschließen, in der die Kinder die Nilpferdgeschichte erzählen, die sie in Gedanken erlebt haben.

Otter

Was weiß ich über den Otter?

Otter gibt es fast überall auf der Welt. Sie haben einen lang gestreckten Körper, kurze Beine, Schwimmhäute zwischen den Zehen, einen langen, kräftigen Schwanz und einen kleinen, runden Kopf. Ihr Lebensraum ist das Wasser, und deshalb sind sie ausgezeichnete Schwimmer und Taucher. Die Wohnhöhlen der Otter liegen jedoch oberhalb der Wasserlinie. Dort bauen sie sich ihre aus mehreren Kammern bestehende Wasserburg. Der Otter gehört zu den Raubtieren, da er sich von Fischen, Fröschen und Krabben ernährt.

Leider ist der Otter durch die starke Verschmutzung der Gewässer, z. B. durch Dünger und Insektenvernichtungsmittel, stark gefährdet. Zudem wird er in manchen Ländern trotz eines Verbots gejagt und getötet.

Otter mit Pompon-Kopf

Material

- feste Pappe, z. B. Bierdeckel
- brauner Fotokarton
- braune Wolle
- Schere
- Stopfnadel
- Zwirn
- 2 Perlen

Als Erstes aus dem braunen Fotokarton ein ovales Ei schneiden, das den Körper des Otters darstellt. Dann noch einen länglichen Schwanz und vier Füße ausschneiden und an den entsprechenden Stellen an den Körper kleben.
Für den Pompon-Kopf aus der Pappe zwei gleich große Ringe mit ca. 4 cm Randbreite herausschneiden und aufeinander legen. Nun die Wolle in eine dicke Stopfnadel einfädeln und die Pappringe damit so lange umfädeln, bis das Loch in der Mitte völlig ausgefüllt ist (siehe Abbildung). Als Nächstes werden die Wollfäden entlang der äußeren Kanten der Ringe, also zwischen den Pappscheiben, durchgeschnitten und dann die Pappscheiben etwas auseinandergezogen. Dann umwickelt man die gebündelten Fäden zwischen den Scheiben fest mit etwas Zwirn und verknotet diesen gut. Die Pappscheiben werden zum Schluss entfernt und der Pompon in Form gebracht. Der Kopfpompon kann nun auf den Körper des Otters aufgeklebt werden und erhält noch zwei Perlen als Augen.

Das Kordel-„O“

Material
- dicke Wolle
- Tonpapier
- Kleber

Als Erstes wird der Wollfaden auf 2 m Länge abgeschnitten und dann auf die Hälfte gebracht. Dann wird die Kordel hergestellt: Dazu hält ein Kind ein Ende des Fadens fest, das zweite dreht ihn am anderen Ende so lange, bis er sich gespannt anfühlt. Nun die beiden Enden zueinander bringen, und schon dreht sich die Kordel automatisch zusammen, das Glattstreichen nicht vergessen! Nun werden Enden verknotet und die Kordel, mit einem Kleber auf dem Tonpapier zu einem „O“ geformt, aufgeklebt.

Otter auf Beutefang

Material
- bunte Wäscheklammern

Dieses Spiel benötigt ausreichend Platz zur Durchführung. Jedes Kind erhält zunächst ca. 8 gleichfarbige Wäscheklammern, die es an seiner Kleidung (am Pulli, an den Schuhen usw.) verteilt. Anschließend laufen alle durch den Raum und müssen versuchen, sich gegenseitig die Klammern abzunehmen und ihre „Beute“ sich dann selbst wieder anzustecken. Wer hat am Ende des Spiels die meisten Klammern?

Pinguin

Schneeflocken-„P“

Material
- schwarzer Fotokarton
- weißes Seidenpapier
- Kleber

Das Seidenpapier in Schnipsel zerreißen, zu kleinen Bällchen knüllen und in Form eines „P“ auf den schwarzen Karton aufkleben.

Peter, der kleine Pinguin

Peter, der kleine Pinguin, lebte mit seiner großen Familie am Südpol. Er war ein munterer und vergnügter kleiner Pinguin, aber leider machten sich die anderen Pinguine über ihn lustig. Denn Peter hatte auf seinem weißen Bauch viele kleine schwarze Punkte und sah dadurch anders aus! Egal, wo und wann er auftauchte, alle lachten über ihn und riefen:

„Da kommt er, der Peter,
sieht aus wie ein weißer Leopard.
Was will der hier,
dieses komische Tier!"

Und die gesamte Pinguinschar lachte so, dass die Eisberge wackelten. Peter schlappte dann ganz traurig davon und versteckte sich in einer Eishöhle. Da saß er nun und wünschte sich von ganzem Herzen, dass er genauso aussehen würde wie die anderen. Seine Eltern sahen, wie unglücklich er war und überlegten, wie sie ihm helfen könnten. Und so gingen sie gemeinsam auf eine große und weite Reise. Sie wanderten von einer Eisscholle zur anderen, trafen viele verschiedene Tiere, sahen große Schiffe vorbeifahren, und auch Menschen konnten sie erblicken. Und damit es während der Reise nicht allzu langweilig wurde, erzählten sie sich Geschichten, Märchen oder auch Gedichte. Die Eltern von Peter merkten alsbald, dass ihr Sohn eine ganz besondere Gabe hatte, denn er konnte die fantasievollsten Geschichten erzählen. Und egal, wo sie Halt machten, fand sich schnell eine Gruppe von Tieren zusammen, die gebannt den spannenden Geschichten von Peter zuhörte. Es dauerte nicht lange und aus dem traurigen kleinen Pinguin wurde ein stolzer und

glücklicher Peter. Irgendwann aber war es soweit: Peter wollte zurück zu den anderen, und so machte er sich mit seinen Eltern auf die Reise zurück zum Südpol. Und nach mehreren Wochen kamen sie ihrer Heimat immer näher. Peter war ganz aufgeregt: Wie würde es sein, wieder an den Ort zurückzukehren, den er traurig verlassen hatte? Aber diese Unsicherheit ging schnell verloren, denn viele Pinguine kamen ihm schon entgegen, sahen ihn erwartungsvoll an und fragten, ob er auch ihnen Geschichten mitgebracht habe. Es hatte sich nämlich schon bis zum Südpol herumgesprochen, dass „Peter, der Geschichtenerzähler“ die tollsten, aufregendsten und lustigsten Geschichten erzählen konnte. Das wollte Peter auch gerne machen, und so saßen alle um ihn herum und lauschten gebannt seinen Erzählungen. Die kleinen Pinguinohren wurden ganz groß, damit man auch nichts überhörte.
Und jetzt war Peter stolz auf sich und seinen Bauch mit den Punkten. Ja, manchmal machte er sich sogar einen Spaß daraus, indem er seinen Bauch anmalte – mal mit Streifen, mal mit Herzen oder sogar mit Karos!

Pinguine gehen baden!

Material

- Eierkartonpalette
- weiße und blaue Plakafarbe
- Stifte
- einige Korken
- schwarzes und orangefarbenes Tonpapier
- Kleber und Klebstreifen
- Zahnstocher bzw. Stecknadeln
- Styroporbällchen
- Gabeln
- Schere

Die Eierkartonpalette blau und die Korken weiß anmalen und alles eine Zeit lang gut trocknen lassen. In der Zwischenzeit die Schablonen für den

Frack ①, die Füße ② und den Schnabel ③ wie dargestellt kopieren, vergrößern, ausschneiden und auf dem schwarzen und orangefarbenen Tonpapier nachzeichnen. Dann die entsprechenden Formen aus dem Tonpapier ausschneiden. Den Frack mit Klebstreifen am oberen Rand und die Füße am unteren Rand des Korkens anbringen. Das Pinguingesicht auf das Styroporbällchen aufmalen und den Schnabel mit einem kurzen Zahnstocher bzw. einer Nadel anstecken. Dann den fertigen Kopf auf den „Korkenrumpf" kleben oder mit einer Stecknadel aufstecken.
Für das Spiel setzt man einfach einen der Pinguine auf den Griff einer Gabel, drückt vorne auf die Gabel und katapultiert den Pinguin so in Richtung Eierkarton! Welcher Pinguin fliegt am weitesten?

①
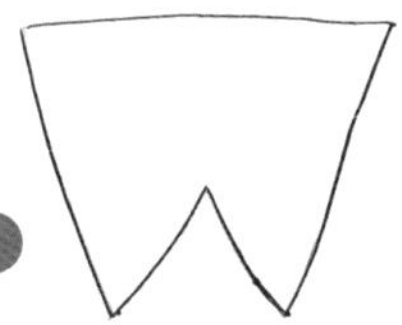

②

③

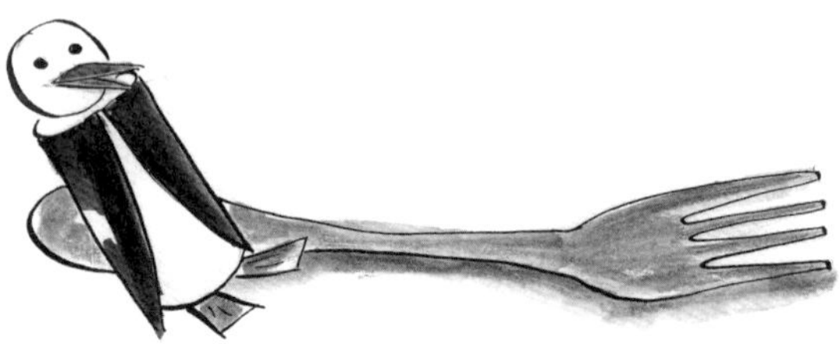

Qualle

Quallenwerfen

Material • kleine Luftballons

Dieses Spiel eignet sich gut für heiße Sommertage draußen. Zunächst werden die Luftballons mit Wasser befüllt und verknotet. Dann stellen sich die Kinder im Kreis auf und werfen sich diese „Quallen" einander zu. Es empfiehlt sich, den Kreis anfangs möglichst eng zu halten und dann mit jeder Spielrunde allmählich die Abstände zwischen den Mitspielern zu vergrößern. Zuletzt kann man dann auch mehrere gefüllte Ballons gleichzeitig ins Spiel bringen. Viel Spaß!

Ein Bett für Quallen – Entspannungsübung

Material

- ca. 30 bis 40 Luftballons
- Bettbezug
- eventuell CD-Player
- mit Sand gefüllte Schatzkiste, in der Schätze wie z. B. Muscheln, Perlen oder Ähnliches versteckt sind

Mit einer Ballonpumpe werden zunächst die Luftballons aufgepumpt, was ein wenig Zeit beansprucht und daher gut schon am Tag zuvor erledigt werden kann. Dann steckt man die Ballons in einen Bettbezug und knöpft diesen zu – das Traumbett ist bereit!
Nun liegt es an Ihnen und den Kindern, dieses Ballonbett im Rahmen von Musik oder einer Geschichte zu genießen! Dazu legt sich z. B. ein Kind auf das Bett und alle anderen setzen sich um es herum. Zu einer langsamen und ruhigen Musik oder einer Entspannungsgeschichte, wie etwa der folgenden, bewegen die umsitzenden Kinder nun ganz leicht das Bett. Zum Schluss können alle zusammen die Schätze suchen, die im Sand in der Schatzkiste versteckt sind.

Die kleine Qualle auf Schatzsuche

„Stell dir vor, du bist eine kleine Qualle. Schließe deine Augen und bewege dich ruhig und langsam durch das warme Meer! Viele Tiere begegnen dir: glitzernde Fische, große und kleine! Und du fühlst, wie das Wasser dich trägt, du brauchst keine Bewegung zu machen, einfach nur schweben ... Da siehst du, wie ein Schwarm kleiner, golden glitzernder Fische auf dich zuschwimmt. Sie nehmen dich mit auf eine Reise! Gemeinsam entdeckt ihr ein altes Schiffswrack. Ob da wohl noch ein Schatz verborgen ist? Zusammen mit den neugierigen Fischen eroberst du das Schiff. In allen Ecken wird nach dem Schatz gesucht, da, plötzlich siehst du etwas glitzern! Langsam bewegst du dich dorthin und schaust, was es ist. Tatsächlich: Es ist eine Schatzkiste. Gut, dass du so viele Arme hast! Nimm die Schatzkiste mit und schwimm aus dem Schiff heraus! Deine Glitzerfische warten schon auf dich und sind gespannt, was du gefunden hast!

Und nun kehrt die kleine Qualle von ihrem Abenteuer zurück. Sie öffnet die Augen, schließt die Schatzkiste auf, und gemeinsam werden die versteckten Schätze geborgen ...

Noppen-„Q“

Material		
Material	• Noppenfolie • blauer Fotokarton • Klebstoff	• Wolle • Schere

Aus der Noppenfolie einen Vollkreis bzw. ein „O“ ausschneiden, dieses auf den Karton kleben und dann seitlich noch ein paar Wollfäden ansetzen – so wird das „O“ ganz schnell zum „Q“!

Reh

Jäger und Reh

Material	• Seile • Softball	• Stühle oder andere Einrichtungsgegenstände

Zunächst wird mit Seilen ein Spielfeld abgesteckt, das von der Größe her der jeweiligen Mitspielerzahl angemessen ist. Ein Kind übernimmt die Rolle des Jägers und erhält den Ball. Alle übrigen Mitspieler stellen die Rehe dar. Die Aufgabe des Jägers ist es nun, die Rehe mit dem Ball zu treffen. Damit das für den Jäger nicht zu einfach ist, werden Stühle oder ähnliche Gegenstände in das Spielfeld gestellt, die den Rehen als Deckung dienen.

Derjenige, der als Letzter abgeworfen wird, darf in der nächsten Runde die Rolle des Jägers übernehmen.
Eine etwas schwierigere Variante geht folgendermaßen: Es ist Brunftzeit, und der Rehbock macht sich durch einen Ton bemerkbar, der sich in etwa wie das Bellen eines Hundes anhört. So wissen die Rehe und natürlich auch der Jäger, wo sich der Bock befindet. Übertragen auf unser Spiel heißt dies, dass jeweils ein „Rehbock" (der Spielleiter gibt dazu ein Zeichen, wer diese Rolle gerade übernehmen soll) im Feld einen Ton abgibt und es nun die Aufgabe des Jägers ist, diesen Rehbock mit verbundenen Augen mit dem Ball zu treffen.

Ein rehbraunes „R"

Material

- DIN A4-Karton
- brauner Filz
- Papier
- dicker Faden
- Nadel
- Schere

Aus dem Papier wird zunächst die Schablone eines „R" in DIN A5-Größe ausgeschnitten. Diese Schablone wird dann anschließend auf den braunen Filz übertragen und daraus nun wiederum der Buchstabe ausgeschnitten. Zuletzt das Filz-"R" mit einem Heftstich auf den Karton nähen.

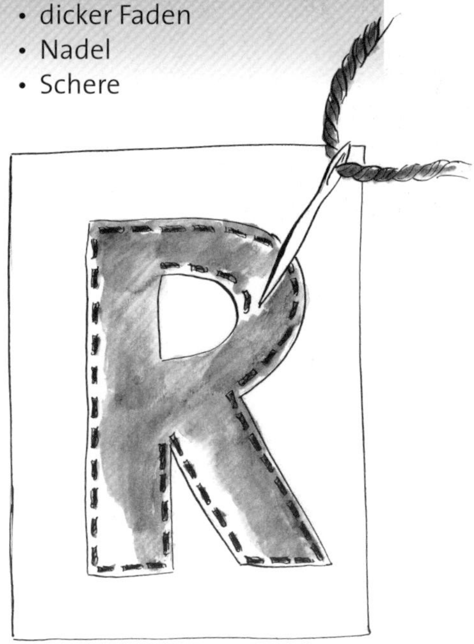

Seehund

Gefädeltes „S“

Material

- Holz- oder Kunststoffperlen
- Strohhalmstücke
- dicker Faden, Stopfnadel
- Papier, bunte Stifte

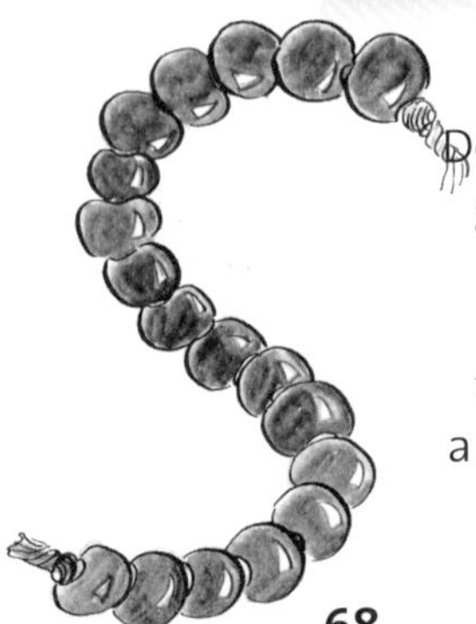

Den Faden an der Stopfnadel befestigen und dann die Perlen oder die geschnittenen Strohhalmstücke in beliebiger Länge mit dem Faden auffädeln. Die beiden Enden dabei so befestigen, dass später nichts von der Kette rutschen kann. Nun kann man mit der Kette immer wieder aufs Neue ein „S“ legen. Das gefädelte „S“ kann man auch auf einen Bogen Papier legen und mit bunten Stiften ummalen.

Seehunde sind gute Schwimmer – ein Experiment mit Streichhölzern

Material

- Streichhölzer
- Messer oder Cutter
- Seife
- flache Schale
- Wasser

Zunächst wird die Schale mit Wasser gefüllt und auf den Tisch gestellt. Dann spaltet man die Streichhölzer vom Ende her vorsichtig bis zu etwa einem Viertel der Länge. In den so entstandenen Spalt wird weiche Seife gedrückt. Dann ab ins Wasser damit, und wie durch ein Wunder sausen die Streichholz-Seehunde flink davon! Der Grund hierfür ist die durch die Seife veränderte Oberflächenspannung des Wassers.

Seehund-Aquarium

Material

- Käseschachtel aus Pappe
- Transparentpapier in verschiedenen Blautönen
- Prospekthülle
- Klebstoff
- Schere und Cutter
- Plakafarben

1. Aus dem oberen Teil der Käseschachtel vorsichtig das Innere herausschneiden, sodass ca. 1 cm-Rand stehen bleibt.
2. Den Kreisumfang des Deckels auf die Prospekthülle übertragen, die Hülle ausschneiden und auf den Rand des Deckels kleben.

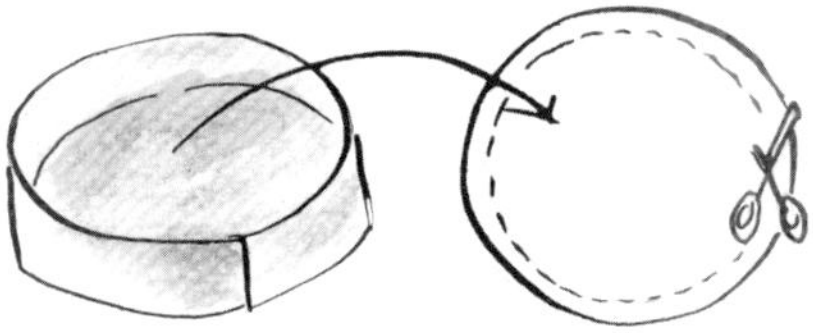

1 + 2

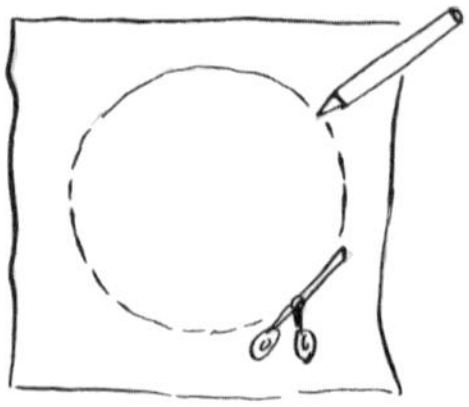

3

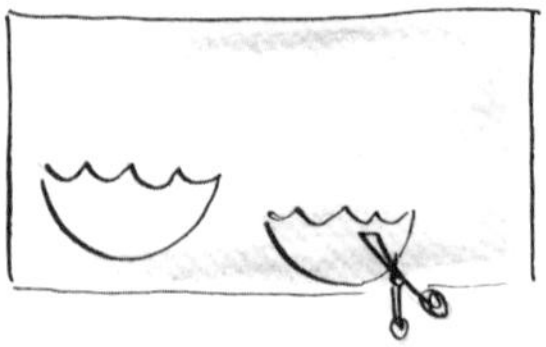

UNTERTEIL

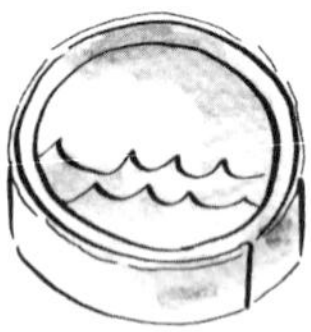

OBERTEIL

4

❸ Den Kreisumfang des Unterteils der Käseschachtel etwa bis zur Hälfte auf vier Blätter des blauen Transparentpapiers übertragen, ausschneiden und im Durchmesser in Wellen abschneiden. Dabei sollte man darauf achten, die Wellen auf den einzelnen Blättern möglichst unterschiedlich auszuschneiden, damit die verschiedenen Blautöne gut zur Geltung kommen. Als Nächstes jeweils zwei Wellenlagen in das Unterteil der Käseschachtel und zwei Wellenlagen unter die Folie im Oberteil der Schachtel kleben.

❹ Auf den anfangs aus dem Deckel ausgeschnittenen Kreis wird nun der Seehund aufgemalt und ausgeschnitten. Zugleich wird ein langer Pappstreifen zum Bewegen des Seehunds mit ausgeschnitten. Dieser Pappstreifen sollte lang genug sein, damit man später die Auf- und Abbewegung im „Aquarium" steuern kann. Nun noch den Seehund farbig anmalen.

❺ Das Ober- und Unterteil der Käseschachtel aufeinander setzen und in beide Teile am Rand mit dem Cutter einen Schlitz für den Pappstreifen schneiden.

❻ Zum Schluss die Käseschachtel noch einmal öffnen, den Seehund einsetzen, den Pappstreifen durch die Schlitze führen und die Schachtel wieder verschließen – fertig ist das Seehundaquarium! Durch das Hin- und Herschieben des Streifens schwimmt der Seehund.

5

6

Tiger

Was weiß ich über den Tiger?

Der Tiger ist am häufigsten in Asien zu finden. Dort lebt er in einem Gebiet von Indien bis China und von Südostasien bis nach Sibirien. Auch auf Sumatra ist der Tiger noch zu Hause, während er auf den anderen Inseln Indonesiens schon ganz ausgerottet ist. Einst war der Tiger sogar in der Türkei weit verbreitet. Innerhalb von nur zehn Jahren hat sich sein Lebensraum in Asien fast um die Hälfte verringert.
Der Tiger ist ein Waldtier, d. h., er braucht das Unterholz, um sich verstecken zu können. Mit seinem Streifenfell ist er im Wald bzw. Dschungel bestens getarnt.

Ein Tigerbild

Material

- weißes Papier
- Tonpapier
- Buntstifte
- Klebstoff
- Schere

Aus dem Tonpapier ein dickes „T" ausschneiden und auf den Papierbogen aufkleben. Dann malen die Kinder um das „T" herum einen Tiger, der am Tisch sitzt oder steht. Für die weitere Gestaltung des Bildes können sie ihrer Fantasie freien Lauf lassen.

Filz-Tiger

Material

- ca. 70 bis 80 cm isolierter Elektrodraht
- gelbe (15 g) und schwarze (5 g) Märchenwolle
- gelbe oder schwarze Wolle
- Seife
- schwarzer Zwirn
- Nadel
- Zange
- eventuell Textilstift
- Schere

1. Von dem Draht 2 x 27 cm abschneiden und die Enden oben und unten umbiegen.
2. Für die Arme nochmals 19 cm Draht abschneiden, die Enden umbiegen und die drei Drahtstücke, wie in Abbildung 2 gezeigt, mit Zwirn kreuzweise miteinander verbinden.

3. Nun den ganzen Körper so lange mit dem Wollfaden umwickeln, bis kein Draht mehr zu sehen ist. Der Bauch und der Kopf können dabei etwas dicker eingewickelt werden.
4. Aus der gelben Märchenwolle vorsichtig lange Strähnen herauslösen und, bei den Ohren beginnend, kreuzweise in mehreren Lagen um das Gerüst wickeln. Zuletzt eine Lage aus dünnen schwarzen und gelben Streifen anbringen. Der Tiger ist jetzt ziemlich dick, wird aber beim Filzen wieder dünner.
5. Zum Filzen zunächst die Lauge herstellen: 0,5 Liter Wasser mit so viel Seife mischen, dass sich die Lauge zwischen den Fingern leicht seifig anfühlt. Die Wollfasern sollten beim Filzen nicht an den Fingern kleben bleiben. Anschließend den Tiger auf eine Arbeitsfläche legen und mit der Lauge benetzen. Beim Filzen anfangs nur sanft drücken, dann so lange reiben und drücken, bis die Luft zwischen den Fasern entweicht und die Wolle verfilzt. Diesen Vorgang mehrmals wiederholen, der Filzprozess dauert insgesamt etwa 15 bis 30 Minuten. Je fester gedrückt und gerieben wird, desto fester verbinden sich die Wollfasern miteinander. Am Schluss noch einmal mit heißem und kaltem Wasser die Seife aus dem Tiger ausspülen und ihn dann trocknen lassen. Die Augen und die Schnauze kann man dann entweder mit einem Textilstift aufmalen oder mit Zwirn aufsticken, die Barthaare einziehen.

1
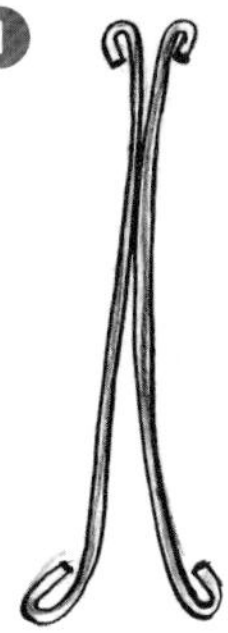

2
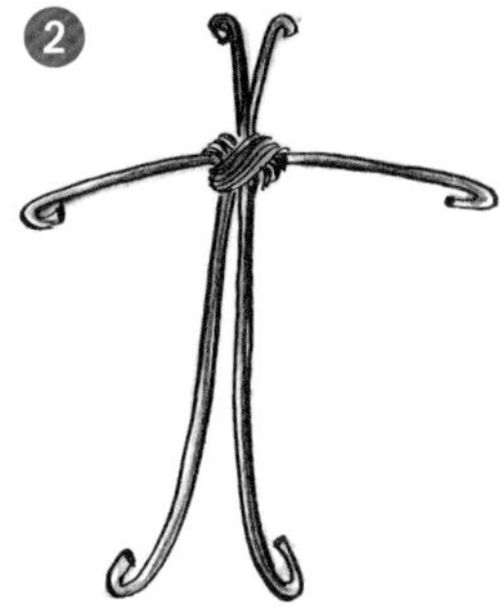

3

4

5

Uhu

Spritz-„U“

Material	• weißes Tonpapier • Wasserfarbe	• alte Zahnbürste • Schere

Als Erstes schneidet man aus einem festen Tonpapier ein „U“ aus. Dieses „U“ wird dann als Schablone auf einen zweiten Bogen Tonpapier aufgelegt und dort festgehalten. Anschließend bespritzt man das ganze Papier mit der in Wasserfarben getränkten Zahnbürste. Nachdem die Farbe trocken ist, wird die Schablone wieder abgenommen, und das „U“ kommt zum Vorschein!

Der Uhu sucht seine Beute!

Der Platzbedarf bei diesem Spiel ist von der Größe der Gruppe und vom Alter der Kinder abhängig. Ein Kind übernimmt die Rolle des Uhus, wozu ihm die Augen verbunden werden. Die übrigen Kinder stellen die Beute dar. Nun fordert der Spielleiter einzelne Kinder auf, verschiedene Geräusche von sich zu geben, wobei sie aber im ersten Spieldurchgang ihren Standort nicht verändern dürfen. Der Uhu hat die Aufgabe, seine Beute zu orten und zu fangen. Diejenigen Kinder, die der Fänger bereits erwischt hat, müssen sich auf den Boden legen. Eine schwierigere Variante des Spiels ist es, wenn alle Kinder gleichzeitig ein Geräusch von sich geben oder sich zudem im Raum bewegen dürfen!

Der Uhu

Material
- Modelliermasse
- stumpfes Messer
- eventuell Federn

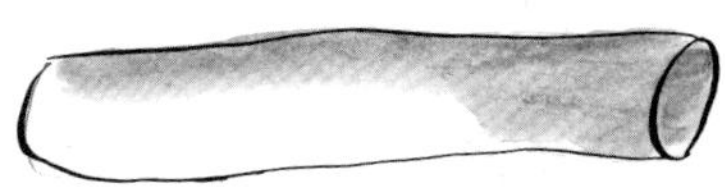

1. Aus der Modelliermasse eine lange, dicke Wurst formen und zu einem „U“ biegen.
2. Zwei Kugeln platt drücken, die Zehen mit dem stumpfen Messer andeuten und diese Füße unter das „U“ setzen.
3. Aus einer größeren Kugel den Kopf mit Ohren und Schnabel modellieren und auf das „U“ aufsetzen.
4. Zum Schluss kann der Körper mit Federn geschmückt werden.

Vogel

„V“ erfahren

Material • Papierbögen • Buntstifte, Wasserfarben o. Ä.

Jeweils zwei Kinder aus der Gruppe legen sich paarweise in Form eines „V“ auf den Boden. Man kann das „V“ auch noch größer legen, also mit vier oder sechs Kindern. Die anderen versuchen nun, dieses Kinder-„V“ auf einem Bogen Papier nachzumalen.

Vögel zum Falten

Material
- farbiges Origamipapier mit 15 x 15 cm Größe
- verschieden farbiger Tonkarton
- Stift
- Kleber

Als Erstes das Vogelgesicht auf das Origamipapier aufzeichnen und nach Anleitung falten. Dann möglichst viele dieser verschieden farbigen Origamivögel auf den Tonkarton kleben.

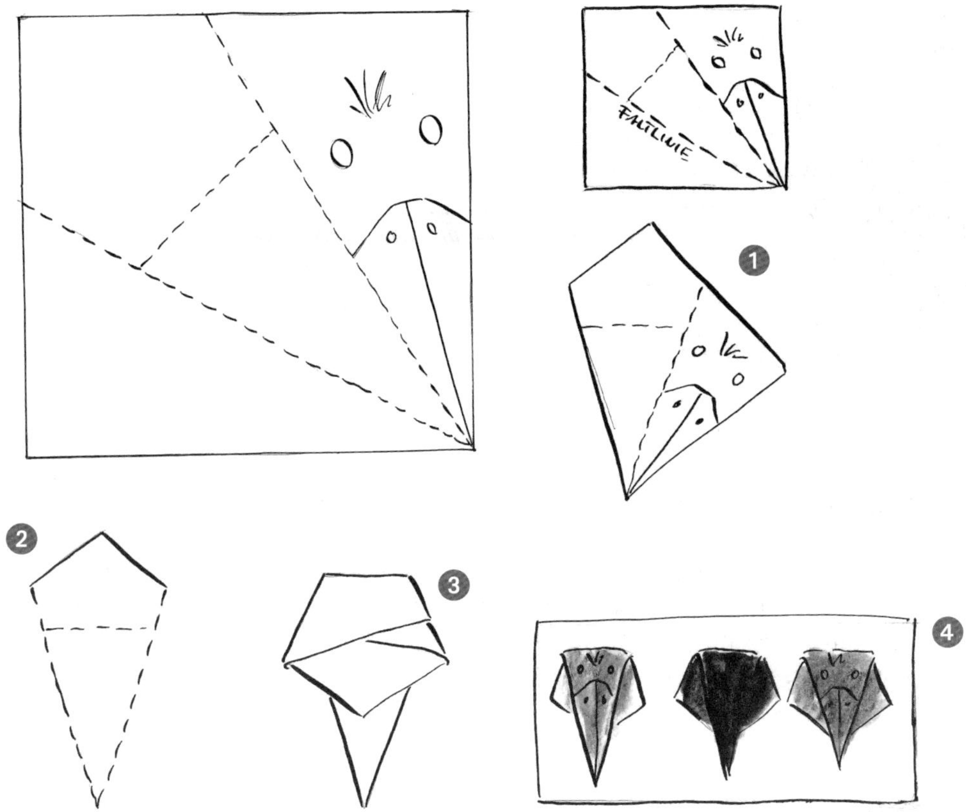

Vogelmasken

Material
- weißer Fotokarton
- Bleistift
- Schere
- Buntstifte, Filzer etc.
- Federn
- Klebstoff
- Hutgummi

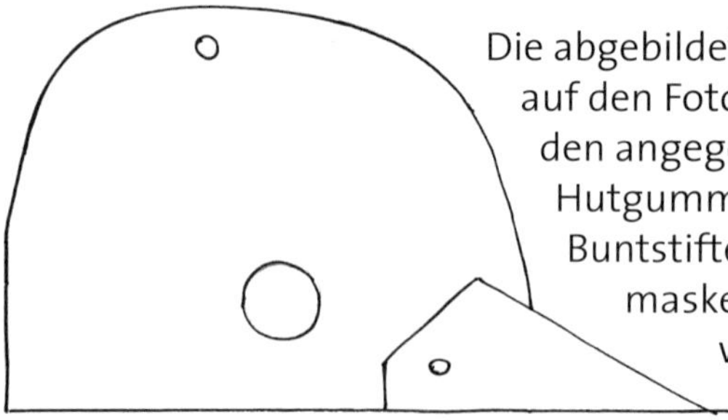

Die abgebildete Vogelmaske in der jeweils richtigen Größe auf den Fotokarton aufzeichnen und ausschneiden. An den angegebenen Stellen zwei Löcher bohren und den Hutgummi einziehen. Jedes Kind kann seine Maske mit Buntstiften, Federn o. Ä. individuell gestalten. Die Vogelmasken können gut zum folgenden Lied getragen werden:

Ein Vogel wollte Hochzeit machen (trad.)

1. Ein Vogel wollte Hochzeit machen
in dem grünen Walde,
fiderallala, fiderallala,
fiderallalalala.

2. Die Drossel war der Bräutigam,
die Amsel war die Braute,
fiderallala...

3. Der Sperber, der Sperber,
der war der Hochzeitswerber,
fiderallala...

4. Der Stare, der Stare,
der flocht der Braut die Haare,
fiderallala...

5. Der Seidenschwanz, der Seidenschwanz,
der bracht der Braut den Hochzeitskranz,
fiderallala...

6. Die Lerche, die Lerche,
die führt die Braut zur Kirche,
fiderallala...

7. Der Auerhahn, der Auerhahn,
derselbig war der Kapellan,
fiderallala...

8. Die Gänse und die Anten,
das war'n die Musikanten,
fiderallala...

Wurm

Unterm Rasen

Es laufen die Kinder
und raufen und spielen,
und unter ihnen
im Erdreich wühlen
die Würmer, die vielen.

Doch was sie da unten
im Dunkeln, im Kühlen,
die Würmer, die vielen,
beim Wühlen fühlen –
keine Sprache beschreibt es.
Es ist ein Geheimnis und bleibt es.

Josef Guggenmos

Wunder-„W“

Material
- weiße Wachsmalstifte
- weißes Papier
- dunkle Wasserfarben
- weiche Pinsel

Zunächst mit dem weißen Wachsmalstift ein dickes „W“ auf das Papier malen; dabei fest aufdrücken, denn das weiße „W“ ist natürlich auf dem weißen Papier kaum sichtbar. Dann das Papier mit dunkler Wasserfarbe übermalen – und wie von Zauberhand wird nun das „W“ sichtbar!

Wurm in der Erde

Material
- Kriechtunnel
- Tische, Stühle oder ähnliches Mobiliar
- Decken, Kissen, Matten oder Schaumstoffwürfel

Die Kinder bauen sich zunächst einen langen Tunnel mit verschiedenen Hindernissen, wie Kissen oder Decken, durch die die Durchgängigkeit der Kriechröhre verändert wird. Auch von außen kann man Hindernisse an den Tunnel stellen, z.B. Tische, Stühle o. Ä.

Nun kann die Erkundung beginnen: Zunächst wird mit offenen Augen durch den Tunnel gekrochen, dann mit geschlossenen. Das nächste Mal darf man die Arme nicht mehr zur Fortbewegung benutzen, und zum Schluss bleiben auch die Beine bewegungslos! Je enger der Tunnel ist, desto intensiver ist die taktile Wahrnehmung.

Wie machen Regenwürmer Erde?

Material
- ein großes Glas
- ein feuchter Lappen
- heller Sand
- Erde
- Laub
- 3 bis 5 Regenwürmer

Das Glas wird in Schichten abwechselnd mit Erde und Sand befüllt, obenauf legt man die Laubblätter. Dann werden die Regenwürmer in das Glas gesetzt und dieses mit dem feuchten Lappen umwickelt. Es ist spannend zu beobachten, was in den nächsten Tagen in dem Glas passiert:
In der Nacht holen sich die Würmer die Blätter in die Tiefe, fressen sie und verwandeln sie zu Erde. Damit machen sie den Boden fruchtbarer. Durch das Bohren der Gänge gelangen außerdem Luft und Wasser in den Boden, Mineralstoffe werden nach oben befördert. Es gibt bei uns etwa 35 verschiedene Regenwurmarten. Nach dem Experiment werden unsere Würmer wieder in die freie Natur gebracht.

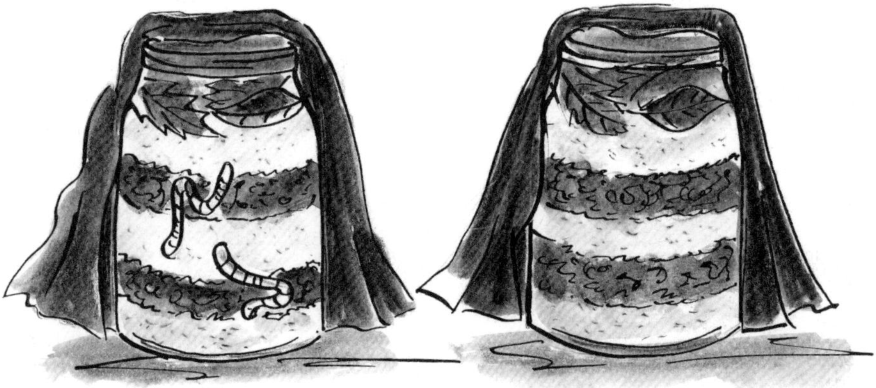

Xaurus Australicus

Was ist das für ein Tier?

Bei X, oh Graus, da gab es nix!
Wir mussten was erfinden;
und entdeckten in Australien,
versteckt in einem Eck,
das Richtige für diesen Zweck.
Wir brachten es euch mit!
Jetzt dürft ihr es erraten,
was sind in ihm versteckt für Arten?

Feuer-„X“

Material

- schwarze Pappe
- Transparentpapier in verschiedenen Rot-Orange-Tönen
- Kleber
- Bleistift

Mit einem Bleistift auf dem schwarzen Pappbogen ein „X“ vorzeichnen, dann das Transparentpapier in verschieden große Schnipsel reißen und das „X“ damit bekleben.

Australische Regenmacher-Rassel

Material

- Pappröhren
- Krepppapier-Klebeband
- trockene Erbsen
- Zeitungspapier
- Kleister
- Farbe
- Pinsel

Ein Ende der Pappröhre mit Krepppapier-Klebeband verschließen, die Erbsen einfüllen und dann auch das andere Ende abkleben. Nun alles mit vielen Lagen Zeitungspapier einkleistern, trocknen lassen und dann bunt anmalen.

Buschtrommel

Material

- leere Waschmitteltonne
- Papierbögen
- Fensterleder
- Paketschnur
- Schnur für die Tragschlaufe
- Farbe
- Pinsel
- zwei runde Hölzer mit ca. 40 cm Länge
- Klebstoff
- Schere

1. Die Waschmitteltonne außen mit Papierbögen abkleben und mit einem Muster bemalen.
2. Das Fensterleder rund ausschneiden; dabei muss der ausgeschnittene Kreis 5 cm größer sein als die Öffnung der Tonne.
3. In den Boden der Trommel am Rand rundherum und in regelmäßigen Abständen 12 Löcher bohren.
4. In das Leder, ca. 3 cm vom Rand entfernt, rundherum ebenfalls 12 Löcher bohren. Dann das Leder in kaltes Wasser tauchen, bis es sich vollgesogen hat, auswringen und im feuchten Zustand auf die Tonne spannen.

5. Als Nächstes die Paketschnur im Zickzack von je einem Loch im Boden der Trommel durch jeweils ein Loch im feuchten Fensterleder und wieder zurück ziehen, bis die ganze Rundung geschafft ist. Zum Schluss die Schnur straff ziehen und gut verknoten.
6. An der Trommel eine Trageschlaufe befestigen.
7. Zur Herstellung der Trommelstöcke die Rundhölzer zu etwa einem Drittel mit der Schnur umkleben.

Australischer Feuertanz

Material

- Stoffbänder in allen Feuerfarben
- Chiffontücher
- Kreppbänder
- rhythmische Instrumentalmusik

Die Instrumente, die die Kinder nach den oben stehenden Anleitungen gebastelt haben, können nun beim „Australischen Feuertanz" eingesetzt werden. Dazu erhalten alle zunächst die Stoffbänder, Chiffontücher und Kreppbänder, um sich damit fantasievoll zu schmücken. Dann wird zu einer rhythmischen Musik der Feuertanz improvisiert.

Yak

Was ist überhaupt ein Yak?

Das Yak ist ein Tier, das zur Gruppe der Rinder gehört und in Zentralasien zu Hause ist. Da es dort auch sehr kalt sein kann, ist das Yak durch ein dichtes Haarkleid geschützt. Ähnlich wie bei unseren Rindern gibt es auch die Yaks in allen möglichen Farben, von schwarzbraun, rot, weiß, braun oder schwarz bis hin zu gescheckteṁ Fell. Die Bullen haben fast 1 m lange, nach außen und aufwärts gerichtete Hörner, diejenigen der Kühe sind weitaus kürzer. Yaks leben in Herden, die nur aus Kühen und Kälbern bestehen, die Bullen leben dagegen alleine und kommen nur zur Paarungszeit in die Herden.

Die Yaks sind für die Menschen in Zentralasien von großem Nutzen: Sie werden z. B. als Zugtiere gehalten, mit denen die Bauern ihre Felder bestellen, oder auch als Last- und Reittiere. Zudem dienen sie der Gewinnung von Milch, Wolle, Leder und Fleisch. Ein Yak gibt im Jahr ca. 400 Liter Milch, also viel weniger als ein Hausrind. Da diese Milch aber einen höheren Fettgehalt (bis zu 8 %) hat, ist sie nahrhafter als Kuhmilch. Aus der Milch, die nicht weiß, sondern rosa ist, werden zudem Butter, Käse und eine Trockenmilchmasse hergestellt.
Ist der Winter vorbei, dann wird dem Yak die Unterwolle ausgekämmt. Pro Tier kommen ca. 3 kg Wolle zusammen, aus der Decken, Seile, Beutel, Zelte und auch Kleidungsstücke hergestellt werden. Sogar der Mist der Yaks wird verwendet, und zwar als Heizmaterial. Ohne diese Tiere könnten die Menschen in den Hochgebirgsgegenden Zentralasiens, z. B. in Tibet, also kaum überleben.

Rosa Yak-Milch

Zutaten

- 500 g Erdbeeren
- 1 l Milch
- 3 bis 4 El Puder- oder Traubenzucker
- evtl. Ahornsirup
- evtl. Erdbeereis

Die Erdbeeren waschen, putzen, klein schneiden und mit Puder- oder Traubenzucker bestreuen. Dann das Ganze pürieren und nach und nach die Milch dazugeben. Bei Bedarf mit Ahornsirup nachsüßen. Ganz besonders lecker schmeckt diese „Yak-Milch“, wenn man noch Erdbeereis dazugibt.

Das Woll-„Y“

Material

- weißer Karton
- Stift
- Klebestift
- braune, dicke Wolle

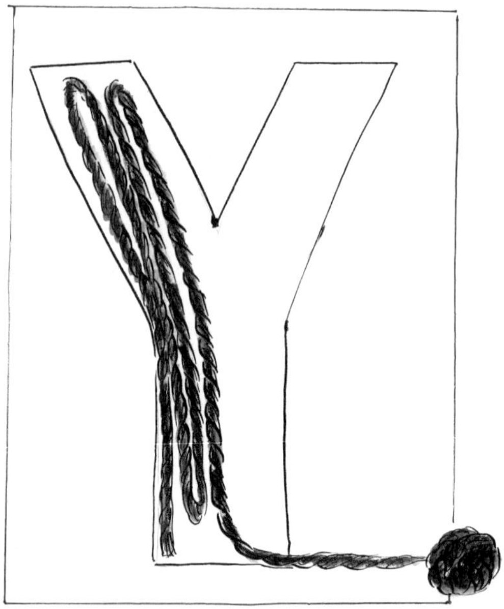

Das „Y“ groß und breit auf dem DIN A4-Karton vorzeichnen, dann auf den Buchstaben Kleber auftragen und ihn mit dem braunen Wollfaden bekleben. Dabei legt man die Fäden so dicht, dass das „Y“ ganz ausgefüllt ist.

Zebra

Batik-„Z“

Material		
	• weißer Baumwollstoff • Bindfaden • schwarze Wasser- oder Dispersionsfarbe	• Plastikwanne • schwarzes Tonpapier • Schere • Klebstoff

Zunächst den weißen Stoff zu einer Wurst knuddeln (jedoch nicht zusammenrollen!) und in bestimmten Abständen jeweils fest mit dem Bindfaden einzurren. Dann wird diese Wurst in die Wanne mit der

Farbe gelegt und nach einiger Zeit wieder herausgenommen. Ist der Stoff ganz trocken, dann werden die Bindfäden entfernt und das Tuch geglättet. Zum Schluss aus dem Stoff ein großes „Z“ ausschneiden und auf schwarzes Tonpapier aufkleben.

Der etwas andere Zebrastreifen

Material • vier gleich große, stabile Bretter mit ca. 1,50 m Länge

Als Erstes werden zwei gleich große Gruppen gebildet, von denen jede zwei Bretter erhält. Eines der Bretter wird quer auf die Startlinie gelegt. Die Kinder einer Gruppe stellen sich nebeneinander auf dieses Brett und halten das zweite quer über ihren Köpfen. Auf ein Startkommando hin legt sich die Gruppe nun dieses zweite Brett vor die Füße, tritt darauf und nimmt das frei gewordene Brett hinter sich wieder auf, legt es erneut vor sich hin usw. Auf diese Weise müssen beide Gruppen im Wettkampf gegeneinander den Weg bis zu einem etwa 5 m entfernten Ziel zurücklegen. Sobald jedoch eines der Kinder den Fußboden berührt, muss die gesamte Gruppe zurück an den Start und von vorne beginnen. Hier ist also Achtsamkeit, Schnelligkeit und Teamarbeit gefragt!

Das ganze ABC!

Das Hölzchen-ABC

Material
- Hölzchen
- Paketfaden
- evtl. ein Bogen Plakatpapier und Kleber

Augen auf, die Natur hat hier Vorarbeit geleistet! Am besten sucht man nach Hölzchen, die von der Natur schon entsprechend geformt wurden, oder man setzt die Buchstaben aus dünnen, verschieden langen Hölzchen zusammen, die man mit einem Faden miteinander verbindet. Das Hölzchen-ABC kann als Gemeinschaftsaktion von der ganzen Gruppe hergestellt und dann als Ausstellungsstück aufgehängt oder auf ein Plakat aufgeklebt werden.

Buchstaben-Bildergeschichte

Material
- DIN A3-Papierbogen
- Stifte

Die Erzieherin malt für die Kinder eine beliebige Bildergeschichte und versteckt in den Bildern verschiedene Buchstaben. Dann erhalten die Kinder Kopien der Bilder und machen sich auf Buchstabensuche!

Buchstabenkekse backen

Zutaten	• 550 g Mehl • 140 g Zucker • eine Prise Salz	• 6 Eigelb • 280 g Butter • Buchstaben-Ausstech-formen

Aus den angegebenen Zutaten einen Teig herstellen, daraus mit den Formen die Buchstaben ausstechen, backen und schon kann das Buchstabenfest beginnen!

Wir Buchstabentiere

Ein Kind führt pantomimisch ein Tier aus diesem ABC-Buch vor, die anderen müssen erraten, um welches Tier es sich dabei handelt. Derjenige, der die richtige Lösung weiß, darf als Nächster eine Pantomime vormachen.

Buchstaben raten

Die Kinder bilden zunächst Paare und „malen" sich gegenseitig mit den Fingern jeweils einen Buchstaben auf den Rücken. Der Spielpartner muss dann erfühlen, um welchen Buchstaben es sich dabei handelt.
Eine andere Variante ist es, wenn sich die Kinder zu fünft in einer Reihe hintereinander hinzusetzen. Dann beginnt das letzte Kind in der Reihe, seinem Vordermann einen Buchstaben auf den Rücken zu malen. Dieser gibt den Buchstaben, den er zu erfühlen glaubt, auf die gleiche Art und Weise an seinen Vordermann weiter usf. Keiner spricht dabei, und alle sind konzentriert. Ob wohl beim Vordersten in der Reihe der richtige Buchstabe ankommt?

Buchstaben-Chaosspiel

Material
- 26 DIN A4-Papierbögen
- Stifte
- Klarsichthüllen mit Bändern zum Aufhängen
- eine Rolle glatte, weiße Tapete
- Stein
- Spielfiguren

Zur Vorbereitung dieses Spiels werden zunächst die 26 Buchstaben des Alphabets auf je ein DIN A4-Blatt geschrieben; auf der Rückseite jedes Blattes wird ein Gegenstand mit demselben Anfangsbuchstaben (also z. B. eine Angel bei „A") gemalt. Dann werden die Blätter in Klarsichtfolien gegeben, an Bändern befestigt und drinnen oder draußen kreuz und quer verteilt. Dabei sollte man die Blätter so aufhängen, dass nur die Buchstaben zu sehen sind.
Die Tapetenrolle wird ausgerollt und in 26 Felder unterteilt, von denen ebenfalls jedes einen Buchstaben des Alphabets erhält. Dann werden die Kinder in Gruppen von 3 bis 5 Personen aufgeteilt und erhalten je eine Spielfigur. Nachdem diese Figur an den Start gestellt wurde, kullert ein Kind aus jeder Gruppe einen Stein über das Spielfeld. Dort, wo der Stein liegen bleibt, stellt die Gruppe ihre Spielfigur ab und muss nun versuchen, genau diesen Buchstaben im Raum oder draußen zu finden. Gelingt dies, dann wird das Blatt umgedreht. Alle Gruppenmitglieder merken sich nun das Bild auf der Rückseite und teilen dem Spielleiter gemeinsam mit, worum es sich handelt. Dann ist die nächste Gruppe an der Reihe usw. Wenn genügend Zeit ist, kann man so das ganze Alphabet durchspielen!

Die kleinen Dichter

Hier kommt es drauf an, lustige Sätze oder gar Gedichte zu erfinden, bei denen alle Wörter mit dem selben Buchstaben beginnen, also z. B. „Lustige Lehrer lieben lila Luftballons" oder „Anna angelt am Ammersee abscheulich alte Aale." usw.

Quellenverzeichnis

Fortbildungstipp:
Eine kreative Bildungsreise in die Buchstabenwelt

Ein Buch bleibt so lange ein theoretisches Werk, bis sein Inhalt durch gemeinsame Erfahrung zum Leben erweckt wird. Daher hat die Gesellschaft für ganzheitliches Lernen e.V. das mobile Seminar „Eine kreative Bildungsreise in die Buchstabenwelt" entwickelt, das Sie bundesweit buchen können. Auf Anfrage kommen wir in Ihre Einrichtung und bilden Ihr Team oder die Eltern weiter. Wir vermitteln Ihnen viele praktische Anregungen und Beispiele, wie Kinder sich früh und ganzheitlich bilden können.

Die Gesellschaft für ganzheitliches Lernen e.V.

- ist ein gemeinnütziger Verein engagierter Fachleute aus der Pädagogik, Psychologie, Biologie und Medizin,
- informiert über die neuesten wissenschaftlichen Erkenntnisse aus der Hirn- und Lernforschung,
- hat ein ganzheitliches Erziehungs- und Lernkonzept entwickelt,
- fördert den Dialog zwischen Eltern, Pädagogen und Therapeuten,
- leistet pädagogische Prävention, damit Kinder nicht in den „Therapie-Brunnen" fallen,
- bildet Trainer für das ganzheitliche Lernen aus,
- entwickelt ganzheitliche Lernspiele für Kindergarten und Schule
- und berät Einrichtungen bei der Entwicklung ihrer Konzeption und ihres Bildungsansatzes.

Unsere mobilen Seminare sind bekannt für eine optimale Verknüpfung von Theorie und Praxis, so sind die wissenschaftlich fundierten Inhalte sofort im Kita-Alltag methodisch und spielerisch umzusetzen.

Kontakt:
Gesellschaft für ganzheitliches Lernen e.V.
Martina Brausem, Tel. 02 21 / 16 81 23 83, t.brausem@ganzheitlichlernen.de
Besuchen Sie uns im Internet unter: www.ganzheitlichlernen.de

Spielend das ABC kennen lernen!

Das Tieralphabet gibt es auch als Memo-Spiel mit Spielvorschlägen für drei Altersstufen. Von „A“ wie Affe bis „Z“ wie Zebra – 26 farbenfrohe, lustige Buchstaben-Tiere garantieren ein fröhliches Spielvergnügen. So können Kinder in der Kindergruppe oder in der Familie mit viel Spaß ihr Gedächtnis trainieren und Konzentration, Ausdauer und Wahrnehmungsvermögen schulen. Die liebevollen Tierzeichnungen von Iris Sargun verführen kleine und große Mitspieler zum Lachen und Staunen.

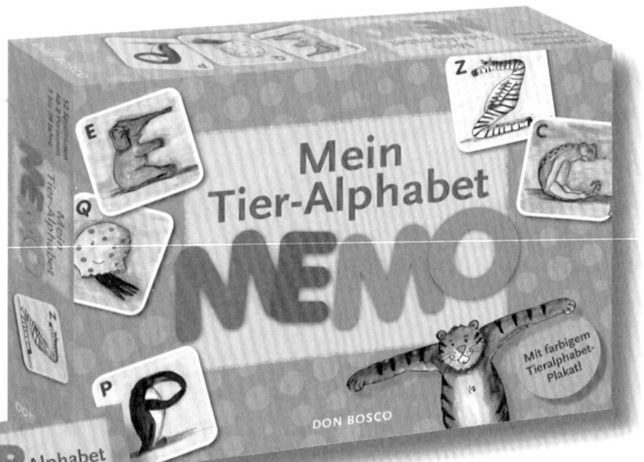

Mein Tier-Alphabet-Memo

52 Bildkarten, mit farbigem Buchstabenplakat
ab 2 Personen
ISBN 978-3-7698-1684-6

Don Bosco